LA SCIENCE-FICTION

UNE INTRODUCTION
HISTORIQUE ET PHILOSOPHIQUE

DU MÊME AUTEUR À LA MÊME LIBRAIRIE

Le signe et la technique, 2018

Philosophie et idéologies trans/posthumanistes, 2017

Généalogies philosophique, politique et imaginaire de la technoscience, 2014

Dignité et diversité des hommes, 2009

La science entre valeurs modernes et postmodernité. Conférence au Collège de France, 2005

Qu'est-ce que la bioéthique?, 2004

Species Technica, 2002

Essais de philosophie bioéthique et biopolitique, 1999

Du sens commun à la société de communication. Études de philosophie du langage : Moore, Wittgenstein, Wisdom, Heidegger, Perelman, Apel, 1989

Pour une métaphilosophie du langage, 1980

Encyclopédie du transhumanisme et du posthumanisme. L'humain et ses préfixes, G. Hottois, J.-N. Missa et L. Perbal (dir.), 2015

Techniques et philosophie des risques, C. Kermisch et G. Hottois (éd.), 2007

Les philosophes et la technique, G. Hottois et P. Chabot (dir.), 2003

Philosophie et science fiction, G. Hottois (éd.), 2000

Temps cosmique et histoire humaine, G. Hottois et M. Weyembergh (dir.), 1996

Richard Rorty. Ambiguïtés et limites du postmodernisme, G. Hottois et M. Weyembergh (éd.), 1994

Hans Jonas, G. Hottois et M.-G. Pinsart (éd.), 1993

Aux fondements d'une éthique contemporaine. H. Jonas et H. T. Engelhardt, G. Hottois (éd.), 1993

Evaluer la technique. Aspects éthiques de la philosophie de la technique, G. Hottois (éd.), 1988

Pour Demain

Directeur : Jean-Noël Missa

Gilbert HOTTOIS

LA SCIENCE-FICTION

UNE INTRODUCTION
HISTORIQUE ET PHILOSOPHIQUE

Préface de
Jean-Noël MISSA

PARIS
LIBRAIRIE PHILOSOPHIQUE J. VRIN
6 place de la Sorbonne, V^e

2022

© *Librairie Philosophique J. VRIN*, 2022
ISSN 0180-4847
ISBN 978-2-7116-3014-1
www.vrin.fr

GILBERT HOTTOIS
ET LA SCIENCE-FICTION

« Seule reste pour toujours la mémoire du cœur »,
écrit Paul Morand dans son *Journal Inutile*. Impossible
pour moi de parler de l'œuvre de Gilbert Hottois sans
évoquer des souvenirs personnels. La dernière fois que
je vis Gilbert, ce fut cinq jours avant sa mort, en mars
2019. Gilbert et moi avions pris l'habitude d'aller
déjeuner une fois par mois au *Couvent* à Waterloo, ou
au *Roi Albert* à Watermael-Boitsfort. Lors de notre
dernier lunch, début février, Gilbert me conta joyeusement
les péripéties d'un séjour au Chili où il s'était rendu en
décembre pour participer à la célébration du mariage
de son fils Roland. En mars, je lui proposai un nouveau
rendez-vous, mais il me répondit avoir des problèmes
de santé et devoir se rendre aux urgences de l'hôpital
Erasme. Le lendemain, son épouse Anny, m'écrivit qu'il
avait été hospitalisé aux soins intensifs. C'est donc dans
une chambre d'hôpital que je conversai un lundi soir
pour la dernière fois avec Gilbert. Nous discutâmes
longuement. Il se savait atteint d'une maladie grave
mais il comptait cependant l'amadouer. Il évoqua les
changements probables dans sa vie future et la façon

dont il allait devoir s'adapter à la maladie pour poursuivre ses recherches en cours. Il espérait avoir le temps de mettre de l'ordre dans ses papiers et terminer les deux projets professionnels qui lui tenaient tant à cœur. Il souhaitait également être remis pour l'été et pouvoir honorer l'invitation que lui avait faite son ami et collègue Jaime Escobar Triana de participer à un séminaire de bioéthique à Bogotá, ainsi que celle du professeur Lazare Poamé qui organisait un colloque en son honneur à l'Université de Bouaké, en Côte d'Ivoire. Gilbert aimait beaucoup voyager et avait sillonné, d'un colloque à l'autre, le monde entier. Malheureusement, il nous quitta cinq jours plus tard, le samedi 16 mars 2019. Il est parti, comme il avait vécu, dans la sobriété et la discrétion, avec la ferme volonté de poursuivre ses travaux en cours : un livre sur la science-fiction et une autobiographie intellectuelle. Le livre que nous publions ici *La science-fiction. Une introduction historique et philosophique* devait constituer la première partie d'une œuvre en deux volumes. La seconde partie intitulée *Ambitions et définitions de la science-fiction* est restée à l'état de manuscrit inachevé.

Dans des notes rédigées pour un projet autobiographique, Hottois avait esquissé une brève chronologie synthétique de l'évolution de ses thèmes d'intérêt[1]. Dans les années 1950-1960, le jeune Hottois est fasciné par

---

1. « Chrono : 50 et 60 : SF et romanes ; 70 : philo ; 80 : SF, philo et bioéth ; 90 : bioéth ; 2000- : boucle philo et bioéth en vue de SF intégrale » G. Hottois, *SF et moi*, notes inédites en vue de la rédaction d'une autobiographie. Nous remercions Anny et Roland Hottois de nous avoir laissé consulter ces notes.

la science-fiction. En 1973, à dix-sept ans, il entreprend une licence en philologie romane à l'Université libre de Bruxelles (ULB) puis des études de philosophie[1]. Il publie sa thèse de doctorat et ses premiers livres de philosophie entre les années 1970 et 1980. En 1981, il rédige un roman de science-fiction, *Species Technica*, avant de publier en 1984 le livre *Le signe et la technique* qui va assurer sa réputation internationale. De 1985 au début des années 2000, sa vie professionnelle va se

---

1. Un ami d'enfance, Maurice Weyembergh, qui habitait une maison voisine de celle de la famille Hottois, à Haren (dans la périphérie bruxelloise), va jouer un rôle important dans le choix de ses études et son évolution intellectuelle. Dans des notes inédites, Hottois rapporte cette anecdote qu'il m'a souvent rappelée : « Il y a un souvenir que j'aime évoquer tout particulièrement pour sa portée symbolique. Alors que je terminais l'école primaire, Maurice entamait déjà l'université. Or, il arrivait que, rentrant tard le soir, avec mes parents, la nuit tombée, ma mère me disait, en son patois flamand, montrant une fenêtre éclairée au premier étage : « Regarde ! C'est la chambre de Maurice. Maurice étudie encore ! ». Le message était clair : si tu veux progresser, faire des études, tu dois te préparer à travailler beaucoup : à faire comme Maurice. Aussi tout s'est passé comme si je suivais Maurice à la trace, avec quelques années de retard : philologie puis philosophie à l'ULB, professeur » (G. Hottois, *Notre histoire dont vous êtes les héros*, notes inédites). Maurice Weyembergh allait, jusqu'à la fin, rester un des plus proches amis de Gilbert. Ils ont coordonné plusieurs ouvrages ensemble (G. Hottois, M. Weyembergh, *R. Rorty, Limites et amiguïtés du postmodernisme*, Paris, Vrin, 1994 ; G. Hottois, M. Weyembergh, *Temps cosmique. Histoire humaine*, Paris, Vrin, 1996. Weyembergh s'est aussi intéressé à la question du futur technologique, notamment dans un de ses derniers livres (M. Weyembergh, *Imaginer l'avenir contre l'absolutisme de la réalité*, Paris, Vrin, 2017) qui fut publié dans la collection *Pour demain* dirigée par Gilbert Hottois.

concentrer sur la bioéthique dont il devient un spécialiste de renommée mondiale. Mais, c'est avant tout la philosophie de la technoscience et la question du devenir de l'homme dans un futur lointain qui le fascinent. À la fin de sa carrière, il revient d'ailleurs à l'étude de la science-fiction et à la question du transhumanisme. Je vais suivre cet ordre chronologique pour analyser l'évolution de la pensée de Gilbert Hottois qui, selon moi, s'articule autour du thème de la transformation à long terme de l'humain par la technoscience.

Le jeune Hottois et la naissance de son intérêt pour la science-fiction

Dès son enfance, avant de commencer ses études, le jeune Hottois s'était enthousiasmé pour la science-fiction. Celle-ci a influencé substantiellement son œuvre. Sa passion pour la littérature d'anticipation l'a amené, dans sa réflexion philosophique, à s'intéresser aux mutations engendrées par les technologies. C'est le noyau de la pensée de Gilbert Hottois, le rôle opératoire de la techno-science qui provoque des transformations en profondeur, non seulement sur la société, mais aussi sur l'homme lui-même, avec, à l'horizon, la possibilité de la création d'une espèce modifiée, la *Species Technica*. Gilbert Hottois est, à l'instar d'André Gillian, son double fiction-nel, le « théoricien de la mutation technologique de l'homme »[1]. Ceci est le thème fondamental de son œuvre.

---

1. C'est l'expression qu'utilise Hottois pour définir André Gillian, le héros du roman *Species Technica* : « Peut-être avait-il commis une erreur en acceptant de venir ici comme *le théoricien de la mutation technologique de l'homme* » (*Species Technica*, Paris, Vrin, 2002, p. 29).

Dans des notes inédites, Gilbert Hottois évoque sa passion précoce pour la science-fiction : « Lorsque je suis tombé dans la SF vers 10-12 ans, ce fut une attirance, une passion spontanée, non réfléchie. Rien de philosophique là-dedans ; seulement la passion de lire et surtout de lire ce type de romans (en plus des Bob Morane, mais le premier que j'ai lu est *Opération Atlantide* qui est de la SF et qui me ravit décisivement). Passion donc, mais pas aveugle : je ne croyais pas à ces histoires (principalement celles du Fleuve Noir) en tant que réelles, et je n'avais pas d'idées précises sur leur réalisabilité. Mais j'imaginais certainement que ce genre de choses serait réalisables plus tard. Ces romans ont clairement façonné mon imaginaire d'adolescent. Ils m'ont communiqué une vocation d'écrivain, et je tentai à l'époque deux ou trois courts récits de SF (un certaine-ment significatif, car il fait des hommes des sortes de robots inventés par les extraterrestres). La SF m'a donc nourri dès la fin des années 1950 et durant les années 1960. J'ai continué à en lire durant les romanes (1963-1967), mais je n'ai pas fait de mémoire là-dessus. C'est lorsque j'ai entrepris la philosophie, licence puis doctorat, que j'ai largement abandonné ce genre de lecture ; mais elles avaient eu amplement le temps de nourrir le substrat imaginaire, spéculatif, sur lequel ma réflexion philosophique, ma critique des philosophes allaient se développer. C'est tout à fait central dans ma thèse. Mais aussi pour *Le signe et la technique* (1984) »[1].

Les lectures d'ouvrages d'anticipation vont ainsi avoir une influence déterminante sur sa thèse de doctorat, en particulier sur la dernière partie qui aborde la question

---

1. G. Hottois, *SF et moi*, notes inédites.

des mutations technologiques et celle du transhumanisme[1]. A cette époque de sa vie, la culture scientifique de Gilbert Hottois provient essentiellement, de la science-fiction (notamment Stanislas Lem et A.C. Clarke), de livres de futurologie (Vance Packard, Joël de Rosnay, François de Closets, Alvin Toffler) et d'essais de vulgarisation scientifique. Enfant et adolescent, Gilbert avait également lu de nombreux romans de la collection Anticipation (Fleuve Noir), ainsi que des ouvrages du rayon Fantastique et de Présence du Futur. Son imaginaire science-fictionnel était très riche, même si, dans sa thèse, il ne mentionne que les ouvrages qui ont une pertinence académique.

L'inflation du langage dans la philosophie contemporaine et *Le signe et la technique*

Dans les années 1970, Gilbert Hottois entreprend des études de philosophie et une thèse de doctorat sous la direction du professeur Jean Paumen – qui inspirera le personnage de Jauret dans son ouvrage de fiction *Species technica*[2]. En 1976, il défend sa thèse de doctorat intitulée *Essai sur les causes, les formes, et les limites de l'inflation du langage dans la philosophie contemporaine*. Une version abrégée de cette thèse, avec suppression des notes, sera publiée deux ans plus tard, aux Editions de l'université de Bruxelles, sous le titre *L'inflation du langage dans la philosophie*

---

1. G. Hottois, *Essai sur les causes, les formes, et les limites de l'inflation du langage dans la philosophie contemporaine*, Thèse de doctorat en Philosophie et Lettres, ULB, 1976.

2. G. Hottois, *Species technica*, Paris, Vrin, 2002.

contemporaine. En 1984, il produira un « digest » de sa thèse dans *Le signe et la technique*, livre qui sera préfacé par Jacques Ellul.

Dans ses notes rédigées en vue de la rédaction d'une autobiographie, Gilbert Hottois revient sur son évolution intellectuelle au début de sa carrière académique. « Mon intérêt pour la philosophie remonte à mon adolescence, voire plus haut. Je ne puis ici procéder en quelques phrases à une anamnèse qui demanderait tout un récit et dont l'intérêt public n'est pas évident. Ce qui me paraît plus accessible, c'est l'origine et l'explication de mon attention à la philosophie de la technique ou de la technoscience qui précède mon engagement dans la problématique bioéthique. Cette histoire, que j'ai esquissée dans certains chapitres de mes ouvrages de 1996 et 1999, raconte ma déception par rapport aux attentes traditionnelles de vérité et de sens que je plaçais, voici trente ans, dans les livres et discours des philosophes. Cette déception m'a entraîné vers une réflexion critique sur le langage philosophique et le langage en général, d'où d'abord un livre sur Wittgenstein. Mais au-delà de celui-ci, j'ai entrepris une analyse critique des diverses formes d'obsession et d'inflation langagières de la philosophie contemporaine mondiale : de la philosophie anglo-saxonne à la philosophie française (particulièrement symptomatique à cet égard durant les décennies 60 et 70), en passant par la philosophie allemande. Cette analyse s'est exprimée dans un gros livre : *L'inflation du langage dans la philosophie contemporaine* (1979), avec une version plus courte : *Pour une métaphilosophie du langage* (1981). Mais l'essentiel pour l'avenir de ma réflexion était dans l'analyse des causes de ces replis de la philosophie sur les discours et le langage : j'y lisais nettement une impuissance à ou un refus de penser l'univers technoscientifique, une exténuation de la symbolisation et de la spéculation confrontées à des possibles opératoires inouïs. Ce que j'appelais alors "le mur cosmique", qui deviendra "la transcendance noire" en 1984 dans *Le signe et la technique*, ouvrage qui tente d'articuler l'opposition radicale entre technique et symbole »[1].

Le contexte politique universitaire de révolte estudiantine de l'après-mai 68 a marqué le contenu de la thèse. On y lit une réaction critique face à l'« omni-présence, quelquefois tyrannique, du discours intellectuel de gauche »[2]. L'incrimination des théories marxistes est évidente dès le premier article publié en 1972 par le jeune étudiant, dans les *Annales de l'Institut de Philosophie*, un commentaire d'un livre de Pierre Verstraeten qui fut l'un de ses professeurs de philosophie[3].

---

1. G. Hottois, *Mon intérêt pour la philosophie*, notes inédites en vue de la rédaction d'une autobiographie.

2. Voir à ce sujet la brève « note de l'éditeur » que propose G. Hottois à la réédition de la troisième partie de sa thèse dans G. Hottois, *Généalogies philosophique, politique et imaginaire de la technoscience*, Paris, Vrin, 2013, p. 59 et 60.

3. Voir, à ce sujet, l'excellent article de P.F. Daled, « La fin de l'histoire, l'épistémè et la technique. Hegel, Foucault et le « "jeune Hottois" », *in* J.-N. Missa, et L. Perbal, *Les philosophes et le futur*, Paris, Vrin, 2012, p. 135-154. P.F. Daled y rappelle que P.-F. Verstraeten fut le professeur de philosophie de Hottois avant de devenir son collègue. Il précise aussi que, en 1972, « le texte du "jeune Hottois", était destiné à être exposé oralement au séminaire de Verstraeten qui suggéra de le publier dans les *Annales de l'Institut de Philosophie* dont il était membre du Comité de rédaction » (*Ibid.*, p. 141).

Outre la mise en cause de la doxa marxiste, on retrouve également dans ce texte l'importance que Hottois accorde à la technoscience pour comprendre le futur de l'homme : « Le champ du possible humain se restreint-il nécessairement, fatalement à une stratégie politico-économique d'inspiration marxiste ? Pourquoi d'autres possibles seraient-ils exclus alors qu'ils sont peut-être plus révolutionnaires et plus efficaces que la tactique marxiste qui table par ex. tout entière sur la constitution physique et biologique de l'individu humain naturel sans prévoir seulement la possibilité d'une transformation "concrète" de l'homme et de ses besoins naturels »[1]. Et Hottois de rappeler, dans ce texte, l'importance de la technique : « Le concept dont la révision est sans doute la plus urgente est celui de la technique, de pratique techno-scientifique »[2].

L'ambition première de la thèse de 1976 est de « réorienter le questionnement philosophique, de le diriger vers ces interrogations et inquiétudes – cristallisées autour de la "technoscience" – que Hottois estimait capitales pour le présent et pour l'avenir et dont, à de très rares exceptions près, les pensées dominantes de

---

Il ne fait guère de doute que Pierre Verstraeten représentait, pour Hottois, l'idéal-type du penseur logorrhéique, du philosophe qui sombre dans l'inflation du langage. Dans ses notes autobiographiques, Gilbert Hottois évoque « deux expériences philosophiques premières : le non sens ultime des textes philosophiques (Marcel) ; la philosophie logorrhéique surtout française (Verstraeten) des années 60 et 70 » (G. Hottois, *Mon intérêt pour la philosophie*, notes inédites).

1. G. Hottois, Lettre ouverte à propos de « Violence et Ethique » de P. Verstraeten, *Annales de l'Institut de Philosophie*, 1972, p. 206

2. *Ibid.*, p. 207.

l'époque semblaient ne rien vouloir savoir »[1]. Dans sa thèse de doctorat et dans son livre *Le signe et la technique*, Hottois montre que la technique ne relève pas de l'ordre du symbole. La technique est opératoire. Elle est l'autre du langage. Cette altérité radicale est à l'origine de la phobie des philosophes pour la technique. Hottois critique alors la survalorisation du symbolique et du langage par les philosophes. Selon lui, le désintérêt des philosophes de cette époque pour la science et la technique les amène à se perdre dans le langage. La philosophie dominante des années 1960 et 1970 demeurait en effet sans voix sur l'homme et son avenir confrontés à la technoscience. En réaction, Hottois va s'engager dans une analyse de l'impact de la technique dans la transformation de la société et de l'homme lui-même. Il introduit l'idée d'une techno-évolution autonome qui succède à l'évolution biologique. Il convient de placer la technique dans une perspective évolutionniste et de parler de « techno-évolution » comme on parle de « bio-évolution »[2]. L'idée de l'importance des technologies matérielles appliquées à l'homme est fondamentale dans sa thèse de doctorat et dans *Le signe et la technique*, et restera un thème constant dans toute l'œuvre de Gilbert Hottois, le fil conducteur de sa pensée. La technoscience est étroitement associée à la question de la fin de l'homme, c'est-à-dire à sa disparition par mutation ou anéantissement. La première mention du terme « technoscience » chez Hottois figure d'ailleurs dans une phrase qui contient

---

1. G. Hottois, *Généalogies philosophique, politique et imaginaire de la technoscience, op. cit.*, p. 60.

2. G. Hottois, *Le signe et la technique*, Paris, Vrin, 1984, p. 129.

aussi le mot « transhumain » : « L'hypothèse : le forclos
(de la philosophie contemporaine) est la technoscience,
l'affrontement cosmique dépourvu d'authentique lumière
qui s'y pratique, le cosmos aux possibles transhumains.
Est-ce par suite de la mainmise de plus en plus étendue
et complexe de la technoscience sur le réel, que la
philosophie a perdu la référence ontologique »[1]. Outre
l'adjectif transhumain, on retrouve dans la thèse quelques
occurrences des termes « posthumain » et « abhumain ».
Tous ces termes évoquent pour Hottois le caractère
éphémère, transitoire de l'espèce humaine du point de
vue cosmique. Dans la troisième partie de la thèse
intitulée *Le mur cosmique*, le rôle de la technoscience
sur l'évolution de l'humain est analysé et éclairé à partir
de lectures de science-fiction. Parmi les auteurs de
science-fiction, Stanislas Lem (*La Voix du Maître*,
Summae Technologiae), A.C. Clarke (*Report on Planet 3*)
et Carl Sagan (*Cosmic Connection*) ont la plus grande
influence sur le jeune Hottois.

Pour Hottois, l'humanité ne doit plus être considérée
comme une essence fixe, une nature stable, mais comme
« une *species technica*, un nœud plastique de possibles
inanticipables parce que techniques »[2]. La technoscience
engendre un règne nouveau, qui, plutôt que de permettre
l'accomplissement de l'*homo sapiens*, conduira à une
reconstruction de celui-ci devenu *Species Technica*.

1. G. Hottois, *Essai sur les causes, les formes, et les limites de
l'inflation du langage...*, Thèse citée, p. 17 ; G. Hottois, *L'inflation
du langage dans la philosophie contemporaine*, Bruxelles, Editions
de l'université de Bruxelles, 1979, p. 52.

2. G. Hottois, *Le signe et la technique, op. cit.*, p. 100.

Manipulation ontologique, la technoscience remet en question la condition naturelle de l'homme, « elle est l'effort obscur pour faire sortir l'essence humaine de ses gonds et de ses limites et pour la projeter vers un ailleurs qui ne serait plus ni de l'homme, ni de la nature »[1]. Le thème de l'opacité du futur est ici tout aussi important. La technoscience va engendrer des transformations sur l'homme et l'environnement, mais ces changements sont inanticipables. Hottois s'oppose ainsi à la conception instrumentaliste et anthropologiste de la technique, et critique la perspective d'une prise en charge par l'humanité de sa propre évolution. Il juge naïve la conception défendue par Alvin Toffler dans *Le Choc du Futur* qui invite l'homme à assumer consciemment sa propre évolution qu'il devient capable d'infléchir grâce à la technoscience. Hottois se moque de ceux qui brandissent des trompettes anthropo-théo-logiques pour entonner la marche d'une épopée évolutionniste contrôlée de l'humanité. Selon lui, cette maîtrise est illusoire. « Pour que l'on puisse parler d'une prise en charge consciente par l'homme de son évolution future, il faudrait que la technoscience ne soit pas invention, créativité inanticipable ; il faudrait que l'on puisse savoir d'avance quelles seront les conséquences et les formes de tel ou tel essai sur l'homme »[2]. Or, pour Hottois, il est impossible de prévoir comment évoluera une humanité transformée par la technoscience. Quant au processus de transformation de l'humain par la voie biologique,

---

1. G. Hottois, *Le signe et la technique*, op. cit., p. 101.
2. *Ibid.*, p. 103.

il sera lent et soumis aux aléas des essais et des erreurs de la recherche empirique. Son évolution est par nature imprévisible. Le paradigme de l'opacité du futur est à chercher dans l'imprévisibilité de la recherche techno-scientifique. S'il est déjà très malaisé d'entrevoir les inventions qui découlent directement de la technoscience contemporaine, comment imaginer alors les conséquences de techniques qui seront élaborées à partir de strates de connaissances scientifiques et techniques qui n'existent pas encore?

On ne peut pas réduire la technique à un ensemble d'instruments à la mesure et au service de l'homme : « De ce pouvoir de manipulation ontologique qu'il reçoit, l'homme ne sait que faire parce que là où la manipulation acquiert l'ancien poids de l'être, tout fondement et tout sens se sont évanouis au profit d'une opérativité aveugle et d'une plasticité muette, sans fond, dont l'humanité est le produit et le véhicule, mais jamais le directeur, l'auteur ou le sujet »[1]. Il y a chez Gilbert Hottois un agnosticisme du futur. L'univers de la technoscience induit une expérience du temps qui est celle « d'une ouverture et d'une opacité radicale qu'aucun signe n'est susceptible de rendre parlantes et transparentes »[2]. La question qu'il aime poser – « Qu'en sera-t-il de l'homme dans un million d'années? » – n'offre, à ses yeux, aucune réponse satisfaisante. C'est ce qui le conduit à forger

1. *Ibid.*, p. 104-105.
2. G. Hottois, Postface à l'édition de 2018 du *Signe et la technique*, *Le signe et la technique*, Paris, Vrin, 2018.

le fascinant concept de *mur cosmique* (dans la thèse) ou de *transcendance noire* (dans *Le signe et la technique*), une métaphore qui désigne l'expérience du primat de l'opératoire, l'expérience de l'opacité et de l'ouverture sans limites du futur. « La transcendance noire est une "métaphore métaphysique" afin de suggérer l'opacité de l'avenir livré à l'opératoire privé de lumières symboliques »[1]. Ainsi, dès le début de son œuvre, le thème du transhumanisme prédomine, davantage cependant sur le mode du questionnement et dans la perspective du futur lointain que sous la forme d'une idéologie court-termiste encline à l'activisme. La thèse de doctorat se termine d'ailleurs par ses lignes : « La dignité ultime de l'homme cherchant à s'affirmer non plus (…) dans l'assomption de sa nature (spécialement des paramètres de la finitude) mais dans l'audace et le risque de la négation de sa nature. Il n'y a toutefois, dans ce propos aucune exaltation »[2]. Dès le départ, Hottois est donc fasciné par les possibilités qu'offrent les technosciences de faire évoluer la « nature humaine ». Cette fascination, il l'a toujours conservée, comme en attestent d'ailleurs trois de ses derniers ouvrages consacrés à la question du transhumanisme[3].

---

1. G. Hottois, *Le signe et la technique, op. cit.*, p. 105.

2. G. Hottois, *Essai sur les causes, les formes, et les limites de l'inflation du langage…*, Thèse citée.

3. G. Hottois, *Le transhumanisme est-il un humanisme ?*, Bruxelles, Editions de l'Académie Royale de Belgique, 2014 ; G. Hottois, J.-N. Missa, L. Perbal, *Encyclopédie du Trans/posthumanisme*, Paris, Vrin, 2015 ; G. Hottois, *Philosophie et idéologies trans/posthumanistes*, Paris, Vrin, 2018.

La bioéthique

Dans une société où règne la technoscience, pratiquer l'éthique devient une tâche délicate, presque impossible lorsqu'il s'agit de décider de penser le futur de l'humain qui sera modifié par la technique. Voici ce qu'écrit Hottois à ce propos dans *Le signe et la technique* : « L'application de l'impératif an-éthique de la technique, c'est-à-dire l'effectuation sans limites de tout ce que l'opérativité technicienne "permet" ne peut que conduire l'homme hors de l'éthique, dans un univers où l'expérience morale, la sensibilité éthique n'existeront plus puisque cette effectuation comporte la possible reconstruction de l'espèce, la mutation de l'espèce "homo" en "*Species Technica*" »[1]. Les catégories de l'éthique sont « humaines, trop humaines ». Comment pourrait-on à l'aide de ces critères tout internes à la forme de vie humaine entreprendre sérieusement de juger de l'avenir de l'Homme alors que celui-ci pourrait déboucher sur le posthumain ?

Dans ses notes autobiographiques, Hottois revient sur la naissance de son intérêt pour la bioéthique. Elle est étroitement liée à la question du futur d'une humanité appelée à être transformée par la technique. « C'est en 1984 que je publie un premier petit ouvrage sur l'éthique : *Pour une éthique dans un univers technicien*, qui annonce mon intérêt naissant pour la bioéthique. Toutefois, pour moi, celle-ci est et reste simplement un chapitre – peut-être le plus développé à ce jour – d'une philosophie des technosciences et d'une réflexion générale sur notre

---

1. G. Hottois, *Le signe et la technique*, *op. cit.*, p. 148.

civilisation à la fois technoscientifique et multiculturelle ou multitraditionnelle. On pourrait aussi dire "civilisation polytechnique et polysymbolique". Ceci signifiant, notamment, que les diverses composantes de l'humanité sont très diversement et surtout très inégalement rapportées à la RDTS (Recherche et Développement TechnoScientifiques). Celle-ci est le moteur de notre civilisation, sinon son énergie qui reste le désir : le désir d'infini, de transcendance. Mais le désir est aussi infiniment polymorphe et la multiplication des possibles techniques et des symbolisations nous confronte à la question de la postmodernité. Le futur de l'humanité ne doit-il pas s'imaginer et s'inventer au pluriel, dans la combinatoire ouverte des symboles et des techniques ? Ou faut-il le maintenir dans le prolongement de la modernité, sous le signe de l'unité et de l'universalité, dans la tradition du monothéisme et du rationalisme occidental qui a produit la technoscience et l'idée du progrès ? Il faut souligner la radicalité de la postmodernité techno-symbolique : il ne s'agit pas seulement de diversité symbolique, culturelle, comme on le conçoit en général lorsqu'il est question de postmodernité. Il s'agit plutôt de penser au buissonnement évolutionnaire des espèces et des mutations : comme si, technophysiquement et symboliquement, plusieurs formes de vie différentes pourraient se développer à partir de l'espèce humaine, si l'on considère le long terme temporel. Car ce qui a peut-être le plus profondément changé au cours de ce dernier siècle, c'est le rapport au temps qui s'est creusé, vers le passé et plus encore vers le futur, vertigineusement. Qu'en sera-t-il de l'humanité dans cent mille ans, dans un million ou dans un milliard d'années ? Cette question défie toutes les histoires et toutes les spéculations : elle est radicalement nouvelle. Mais elle est aussi éminemment philosophique »[1].

Le scepticisme théorique fondamental par rapport à la possibilité de développer une éthique des technosciences évoqué dans *Le signe et la technique* n'allait pas empêcher Gilbert Hottois de s'engager activement dans le domaine de la bioéthique à partir du milieu des années 1980. Malgré le diagnostic sombre sur les rapports de l'homme à la technique et la possibilité d'une éthique de ces questions, le devoir du philosophe est de réfléchir et de tenter d'accompagner symboliquement le développement des sciences et des techniques. C'est ce que fit Gilbert en devenant d'abord un des pionniers de la bioéthique en Belgique puis, au cours des deux décennies suivantes, un expert mondialement reconnu de cette nouvelle discipline. La conversion de Gilbert Hottois à la bioéthique trouve son origine dans une intervention politique précise. En effet, Madame Wivina Demeester, Secrétaire d'État belge à la Santé publique et à la Politique des handicapés, avait imaginé organiser, en 1987, un grand colloque national sur « la bioéthique dans les années 1990 ». Ce colloque devait idéalement être pluraliste et réunir des personnalités des divers courants idéologiques et religieux et des différentes communautés linguistiques. Or, dans les années 1980, en Belgique, seules les universités catholiques avaient engagé une réflexion approfondie sur les questions de bioéthique. La Ministre en quête également d'une

---

1. G. Hottois, *Mon intérêt pour la philosophie*, notes inédites.

personnalité laïque fit appel à Gilbert Hottois qui accepta de prendre part à ce colloque. La bioéthique lui apparaissait comme faisant partie d'un domaine plus large auquel il s'était beaucoup intéressé, celui de la philosophie de la technique. Il avait en effet abordé la question de l'éthique dans la dernière section du *Signe et la technique*, et avait publié, en 1984, un petit volume intitulé *Pour une éthique dans un univers technicien*[1]. Hottois y constate que la conscience technoscientifique témoigne d'une sensibilité morale qui gravite autour des nouveaux pouvoirs de la technique de manipuler la nature humaine. Alors que la question philosophique – qui hante Hottois dans *Le signe et la technique* – « Qu'en sera-t-il de l'homme dans un million d'années ? » était essentiellement théorique, la seconde qu'il pose dans l'autre ouvrage – « Qu'allons-nous faire de l'homme ? » est une question pratique qui exige des réponses concrètes urgentes. Dans *Pour une éthique dans un univers technicien*, le scepticisme d'Hottois par rapport au rôle de l'éthique dans la régulation du développement technoscientifique s'atténue. « L'autonomie de l'évolution de la techoscience », écrit-il, « ne supprime pas purement et simplement la question du choix éthique »[2]. En effet, il estime qu'il reste à l'homme un certain pouvoir de freiner ou d'encourager le développement technoscientifique. De plus, le manque d'efficacité de la régulation n'entraîne pas pour autant la nullité des résolutions morales « pour »

1. G. Hottois, *Pour une éthique dans un univers technicien*, Bruxelles, Editions de l'université de Bruxelles, 1984.
2. *Ibid.*, p. 47.

ou « contre ». Même s'il convient de ne pas perdre de vue les conséquences de la première question « qui comporte la faillite de toutes les gnoses de l'humanité et de l'histoire »[1], il faut aussi étudier les conditions de réponses pratiques à la seconde question : « Qu'allons-nous faire de l'homme ? ». Hottois distingue trois voies : celle du choix de l'essai de tout le possible techno-scientifique ; celle du choix de la conservation de l'homme-nature ; et celle de la voie moyenne de l'essai de certains possibles technoscientifiques en fonction de critères à déterminer. Les deux premières voies constituent pour Hottois des simplifications outrancières du problème. Le cadre général sérieux de la problématique bioéthique est offert par la voie moyenne, c'est-à-dire celle de la prudence. Le critère central, plus sûr et plus profond que le critère du « bien » – que Hottois juge flou et trompeur –, est le critère de la préservation du sens éthique, c'est-à-dire du sentiment en l'homme selon lequel l'homme a de la valeur parce qu'il est la source de toute valeur. Hottois synthétise le cœur de sa pensée dans la dernière phrase de *Pour une éthique dans un univers technicien* : « La reconnaissance du primat du pôle technique sur le théorique entraîne l'opacification du futur et appelle du même coup à la prudence éthique »[2].

En 1986, il fonde avec Charles Susanne le CRIB, le Centre de Recherches Interdisciplinaires en Bioéthique. La bioéthique se mit alors à occuper une place de plus en plus importante dans sa vie professionnelle, jusqu'au début des années 2000. De 1996 à 2010, il a été l'un

1. *Ibid.*, p. 47.
2. *Ibid.*

des membres les plus actifs du Comité Consultatif de Bioéthique, le comité national de bioéthique de Belgique. Il a aussi été membre du prestigieux *Groupe Européen d'Ethique des Sciences et des Nouvelles Technologies auprès de la Commission Européenne (GEE)*. En contact avec les scientifiques qu'il côtoie dans les commissions, il acquiert, en autodidacte, une large culture biomédicale. Pendant cette période, Gilbert rédige de nombreux ouvrages sur la bioéthique et la philosophie des technosciences et coordonne deux encyclopédies : l'une, en 1993, avec Marie-Hélène Parizeau : *Les mots de la bioéthique*[1] ; et l'autre, en 2002, avec moi : la *Nouvelle encyclopédie de bioéthique*[2]. Par ses multiples activités dans le domaine de la bioéthique Gilbert tente de dégager des solutions permettant de faire peser la pensée symbolique pour freiner ou canaliser la croissance aveugle et amorale de la technoscience. C'est le rôle que l'homme, médiateur du signe et de la technique, doit prendre en charge dans une sorte de « prudence cosmique et ontologique », même s'il ne nourrit guère d'illusion sur les possibilités de contrôler trop étroitement la technoscience dans une société libérale.

Les questions de bioéthique sont complexes parce qu'elles trouvent leur origine dans des problèmes nouveaux posés par le développement de la technoscience dans des sociétés multiculturelles. Notre civilisation est

---

1. G. Hottois, et M.-H. Parizeau, *Les mots de la bioéthique. Un vocabulaire encyclopédique*, Bruxelles-Montréal, De Boeck-ERPI, 1993.

2. G. Hottois, J.-N. Missa (éd.), *Nouvelle encyclopédie de bioéthique*, Bruxelles, De Boeck, 2001.

aujourd'hui multitraditionnelle et technoscientifique[1].
Ce multiculturalisme renvoie non seulement à la diversité
des traditions religieuses, philosophiques et morales,
mais aussi à l'inégalité et à l'asynchronie qui caractérisent
les diverses régions du monde. Pour Hottois, les
approches fondamentalistes et dogmatiques sont tout à
fait inappropriées à la gestion de notre civilisation
multiculturelle et technoscientifique. Pour gérer la
complexité des problèmes suscités par les nouveautés
technoscientifiques dans la société contemporaine,
Gilbert Hottois exprime sa préférence pour le consensus
pragmatique. « Les consensus pragmatiques sont extrêmement précieux et même indispensables dans nos
sociétés complexes si l'on veut instituer des règles
opératoires communes tout en préservant la liberté de
penser et la diversité des croyances. Ils garantissent
aussi la possibilité de rouvrir le débat : un accord
pragmatique est sans commune mesure avec un dogme
essentialiste ou une norme fondamentaliste qui veut

1. Dès ses premiers travaux, Hottois s'est beaucoup intéressé
aux rapports des philosophes avec la technoscience. En 2003, il a
coordonné un livre avec Pascal Chabot (jeune chercheur du CRIB
qui préparait alors une thèse sur Simondon) : G. Hottois et P. Chabot,
Les philosophes et la technique, Paris, Vrin, 2003. Pascal Chabot
avait rédigé une thèse sous la direction de Gilbert Hottois qui fut
publiée la même année : P. Chabot, *La philosophie de Simondon*,
Paris, Vrin, 2003. Par la suite, Chabot publia de nombreux ouvrages
et d'essais de philosophie tout en restant attentif à la question de
l'importance de la technoscience dans nos sociétés contemporaines.
De son côté, Gilbert Hottois en 1993 avait aussi consacré un livre à
Simondon : G. Hottois, *Simondon et la philosophie de la "culture
technique"*, Bruxelles, De Boeck, 1993.

réguler non seulement les comportements mais encore la pensée »[1]. Hottois a la conviction que l'homme et la société vont changer sous l'influence de la technoscience, et qu'il faut accepter ce fait. Le véritable problème est « de négocier ces changements de manière à susciter le moins de souffrance en même temps que plus de possibilités d'épanouissement »[2]. Ainsi qu'il le souligne dans ses notes autobiographiques, l'esprit de la science-fiction a inspiré implicitement son approche antidogmatique et très libérale dans les domaines de la bioéthique et de la biopolitique : « la confiance en la technoscience, un certain anarchisme intellectuel et éthique continuent à s'y alimenter souterrainement »[3].

La publication de Species Technica, et le retour au transhumanisme et à la science-fiction

En 2002, Gilbert Hottois décide de publier, dans sa propre collection (*Pour demain*, éditions Vrin), un livre de science-fiction qu'il avait rédigé en 1981, mais qui était resté pendant vingt ans à l'état de manuscrit. La publication de *Species Technica* marque le retour de son intérêt pour la science-fiction. Ce roman d'anticipation est suivi d'un *Dialogue autour de Species Technica vingt ans plus tard* qui revient sur la genèse du livre et sur son contenu philosophique. Hottois l'a écrit « très vite, en une quinzaine de jours, durant les vacances de

---

1. G. Hottois, *Qu'est-ce que la bioéthique ?*, Paris, Vrin, 2004, p. 39.

2. G. Hottois, *Dialogue autour de Species Technica vingt ans plus tard*, dans G. Hottois, *Species Technica*, Paris, Vrin, 2002, p. 209.

3. G. Hottois, *SF et moi*, notes inédites.

Pâques 1981 », dans sa maison de campagne *La Négrépine*, située près de Durbuy dans les Ardennes belges.

A cette époque, après avoir publié sa thèse de doctorat et des ouvrages philosophiques, il se sentait intellectuellement épuisé, éprouvait une impression proche de celle de Wittgenstein après la rédaction du *Tractatus*, celle d'un homme qui avait dit tout ce qu'il était possible de dire philosophiquement et croyait avoir été jusqu'au bout de sa pensée spéculative, ce *non ultra* qu'il avait évoqué dans sa thèse par la métaphore du *mur cosmique*, et qui désigne l'opacité d'un futur en proie au changement de la société et de l'homme par la technoscience. La conclusion de son travail philosophique « comportait l'impossibilité ou la vanité de son prolongement »[1]. C'est pour s'arracher à cette impasse qu'il décida de changer de mode d'expression et d'écrire un roman, une version science-fictionnelle de sa thèse de doctorat. *Species Technica* que Gérard Klein, l'un des lecteurs chargés de l'examiner, jugea « trop conceptuel et trop difficile pour être intégré à une collection de SF qui vise un public populaire » ne trouva pas d'éditeur dans les années 1980.

L'action de *Species Technica* se déroule dans un futur proche. André Gillian, un philosophe bruxellois, reçoit une invitation à donner une série de conférences à l'Institut de Recherches Biocybernétiques de Gador, en Andalousie. Le Professeur Alcherson, directeur de cet Institut, avait beaucoup apprécié la lecture du dernier

---

1. G. Hottois, *Dialogue autour de Species Technica vingt ans plus tard*, *op. cit.*, p. 185.

ouvrage de Gillian – *Species Technica. Pour une philosophie du Futur*. Dans cet ouvrage, le philosophe se montre prudemment favorable aux recherches portant sur le dépassement technologique de l'humain. Dans le même temps, on apprend que sa femme et son fils ont été enlevés. Gillian est à leur recherche. Cette enquête le conduit en Andalousie, puis aux États-Unis, dans la mouvance des Anarchecs (Anarchécologie Internationale) et dans le réseau des Technoscients et de la General Anthropotechnics.

A son arrivée en Espagne, Gillian apprend que le Centre de recherches de Gador fait partie d'un réseau d'Instituts gérés par les Technoscients. Ces derniers se livrent à des expérimentations visant à modifier l'homme et à l'hybrider à la machine. Gillian entreprend une enquête sur les Technoscients qui travaillent en secret à la « mutation technologique de l'homme » et qui doivent lutter contre des groupuscules terroristes hostiles à la technoscience, les Anarchecs. Cette polarisation entre technophiles et technophobes a rendu obsolète les partages politiques classiques entre droite conservatrice et gauche progressiste. Le projet des Technoscients, baptisé « Fils de l'homme » est la mise au point expérimentale d'un successeur de l'humain. Il s'agit d'un programme visant à l'auto-transcendance opératoire de l'humanité. Gillian découvre ainsi que les Technoscients cherchent à construire un « cyborg mosaïque » constitué par un réseau d'ordinateurs couplé à du tissu neurologique humain. La réalisation de cette biomachine, qui a reçu le nom de code « Fils de l'Homme », a pour ambition de parachever l'Évolution en donnant à une équipe de Technoscients les instructions pour réaliser une « entité à venir ». Si l'expérimentation réussit, les Technoscients auront accompli leur tâche et l'humanité pourra céder la place au post-humain. André Gillian apprend aussi que la disparition de sa femme et de son fils, qu'il mettait sur le compte des Anarchecs, est en réalité liée au projet « Fils de l'homme ». Son Directeur, le Professeur S. Spinrad, lui a fait « l'honneur » de prélever le cerveau de son fils afin de l'intégrer au cyborg mosaïque. Gillian cherchera alors à détruire la créature mais connaîtra une fin qui est tragique : il sera fait prisonnier par des acolytes de Spinrad qui, par des moyens artificiels et techniques, le plongeront dans une démence provoquée.

Même si Hottois prétend dans le dialogue que *Species Technica* n'est pas autobiographique, il est néanmoins évident que André Gillian partage bien des caractéristiques et des opinions avec son créateur. Il y a beaucoup de Hottois dans Gillian. C'est très clair dans le récit de la conférence inaugurale que donne Gillian à l'Institut Gador. Les thèses exprimées par Gillian coïncident avec celles de l'auteur de *L'Inflation du langage dans la Pensée Contemporaine* et du *Signe et la Technique*. Dans le roman, Gillian termine sa conférence par ses mots : « Je conclurai, mes chers collègues, par une interrogation. Le problème fondamental est-il moral ? Et si oui, qu'est-ce que cela signifie ? Nous acquerrons de plus en plus le pouvoir de modifier, de déconstruire le vivant en général, l'humain en particulier. L'homme de demain est à inventer. Au sens technologique du terme "inventer". Mais est-il sûr que cette invention méritera encore le nom d'homme et d'humanité ? Au-delà du problème de savoir quelle pourrait être l'identité de l'"espèce technique" que nous produirons peut-être – s'agira-t-il ainsi que le suggèrent certaines recherches de l'institut, d'une sorte de Cyborg? Sera-ce plutôt un être génétiquement remodelé? Ou une espèce technique ayant tiré parti du possible cybernétique et du possible biologique? »[1]. Et Gillian/Hottois de poursuivre en abordant le problème moral : « Avons-nous le droit de déconstruire technologiquement l'humain vers autre chose dont nous ignorons tout? Est-ce un bien? Est-ce un mal? L'ingénierie de l'humain doit-elle être restreinte à la sauvegarde de l'"homo naturalis", c'est-à-dire de *l'homo sapiens*, de l'anthrope, tel que plusieurs millions d'années d'évolution l'ont naturellement produit? Ou est-ce que les questions éthiques du bien et du mal n'ont plus de pertinence ici parce que ces questions et ces valeurs appartiennent en propre à l'espèce *homo sapiens* et ne sauraient guider ou inspirer un processus appelé justement à le transcender »[2]. Ce que dénonce Hottois, comme Gillian, c'est l'idéalisme symbolique hostile à la technoscience, même si Gillian le fait avec beaucoup plus de virulence que Hottois, notamment dans le passage suivant : « J'ai une double conviction. Je suis convaincu qu'il y aura toujours quelqu'un quelque part pour essayer tout ce qui est possible, quoi que cela soit. Et je crois que cela est positif. Mais je suis aussi convaincu que les forces qui vont contre cet essai du possible, cette invention du futur à n'importe quel prix, sont extrêmement puissantes : religieuses, morales, politiques, sociales.

1. G. Hottois, *Species Technica*, *op. cit.*, p. 22.
2. *Ibid.*, p. 23.

L'homme est fort bien conservé ! Et c'est peut-être parce que je crains qu'on ne le conserve trop, jusqu'au dessèchement ou à la pourriture, que je penche de l'autre bord »[1]. Hottois combat en des termes plus nuancés et plus prudents que ceux de Gillian, mais avec la même force, le dogmatisme bioconservateur. Comme Gillian, il est « plutôt favorable aux recherches portant sur le dépassement technologique de l'humain »[2]. « L'accroissement du savoir et du pouvoir technoscientifique est émancipateur et donc positif » écrit Hottois dans le *Dialogue*, et il ajoute : « La transcendance opératoire est libératrice »[3]. *Species Technica* illustre donc les questions philosophiques soulevées dans la thèse de doctorat, en particulier celles liées au transhumanisme.

Un des personnages emblématiques de *Species Technica*, le professeur Jauret, a été inspiré par Jean Paumen[4] qui fut le directeur de thèse de Hottois, avant

1. *Ibid.*, p. 25.

2. *Ibid.*

3. G. Hottois, *Dialogue autour de Species Technica vingt ans plus tard, op. cit.*, p. 196.

4. Jean Paumen a marqué directement et, à travers ses élèves, la philosophie à l'Université libre de Bruxelles. C'est lui, élève d'Eugène Dupréel et de Marcel Barzin, qui introduisit l'étude du courant phénoménologique de Husserl à Heidegger dont il était, dès le début de son professorat en 1960, l'un des meilleurs connaisseurs. Il avait consacré sa thèse d'agrégation à Karl Jaspers (*Raison et existence chez Karl Jaspers*, 1958), un philosophe apparenté au courant phénoménologique et existentialiste, mais particulièrement sensible à l'interrogation éthique. C'est d'ailleurs l'éthique, la question des valeurs et des jugements de valeurs, la problématique du choix moral, qui l'accompagna tout au long de son existence. A la fin de sa carrière, il s'était davantage laissé porter par son amour de la littérature dont

de devenir son collègue et un ami fidèle également. Jauret/Paumen évoque les grandeurs et les limites de l'éthique de la finitude, celle qu'a précisément toujours combattue Gillian/Hottois, celle qui faisait dire à Karl Jaspers : « l'homme n'entre dans la situation spirituelle que lorsqu'il a conscience de ses limites », et que Hottois appelle « la sublimation symbolique de la condition humaine »[1].

Dans le *Dialogue* qui suit son roman publié en 2002 (« vingt ans après »), Hottois explique que *Species Technica* (ST) consiste en une mise en abîme de sa propre vie. En effet, André Gillian, son héros, est l'auteur d'un livre de philosophie du futur et de la technique s'intitulant *Species Technica*. Or, la reconnaissance philosophique de Gilbert Hottois s'est développée initialement avec la

il illustrait les questions philosophiques, abordées dans ses cours, par des références originales à Proust, Faulkner, Henry James ou encore Conrad, pour ne citer que quelques-uns de ses auteurs préférés. Ce goût pour la littérature se retrouve dans ses derniers livres : *Fortunes de la question de l'homme* (Ousia, Bruxelles, 1991), *Trois rédemptions du moi* (Ousia, Bruxelles, 1997) et *Approches de la fidélité* (Ousia, Bruxelles, 2001).

1. Dans le *Dialogue*, en parlant de Jauret, Hottois, même si indirect, rend un réel et bel hommage à son ami Jean Paumen : « Jauret est attaché aux personnes, aux individus. Il a le sens de la sollicitude et de la compassion pour des êtres particuliers qui souffrent, ont besoin d'aide et qui croisent son chemin. Il ne prétend pas voler au secours de l'essence de l'homme. Il est un littéraire. Il n'a pas l'ambition d'apporter une réponse aux questions suscitées par la RDTS, ni même d'intervenir dans ce débat. Il est sans illusion, et se reconnaît comme un homme du passé. Mais c'est aussi un homme ouvert, tolérant. Il est l'ami de Gillian, dont il ne partage pas les idées » (G. Hottois, *Dialogue autour de Species Technica vingt ans plus tard*, *op. cit.*, p. 196).

publication d'un livre *Le signe et la technique* (1984) dont les initiales sont identiques (ST), et « qui formule conceptuellement ce que *Species Technica* exprime d'une manière métaphorique et narrative »[1].

Il existe une autre mise en abîme dans la postface de l'édition de 2002, qui cette fois me concerne. Dans la postface de l'édition de 2002, il utilise à nouveau ce procédé de mise en abîme concernant un échange que nous avons eu, lui et moi, au sujet de son livre[2]. Et, je me souviens, effectivement, que Gilbert m'avait demandé de relire *Species Technica* dont il m'avait déjà confié la version originale de 1981. Il avait aussi sollicité que je lui pose un certain nombre de questions sur le texte, ce que je lui adressai par e-mail. Même si Hottois me parlait de temps à autre de son projet, un dialogue réel, soutenu, n'a jamais vraiment eu lieu : de nombreuses questions que m'attribue Hottois dans le *Dialogue* sont en fait le fruit de son imagination. D'autres, en revanche, sont bien de moi, et la réponse à l'une d'entre elles m'a particulièrement étonné lorsque j'ai relu le *Dialogue* en 2019, à l'occasion de la préparation d'une conférence en hommage à Gilbert Hottois, à l'invitation du professeur Jaime Escobar Triana, ami proche et collègue de Hottois qu'il accueillait régulièrement à Bogotà pour participer au *Seminario Internacional de Bioética de la Universidad*

1. G. Hottois, *Dialogue autour de Species Technica vingt ans plus tard*, op. cit., p. 180.
2. En effet, la postface est présentée comme « un essai de commentaire dialogué entre Jean-Noël Missa et l'auteur qui s'est étendu sur plusieurs mois, de l'été à l'hiver 2001 », G. Hottois, *Dialogue autour de Species Technica vingt ans plus tard*, op. cit., p. 179.

El Bosque (séminaire qui se tient chaque année au mois d'août depuis la fin des années 1990)[1]. Cette question est effectivement importante dans la mesure où elle a très probablement réactivé l'intérêt de Hottois pour le trans/posthumanisme. Parmi celles que j'avais transmises par écrit à Gilbert, l'une d'entre elles concernait en effet directement le transhumanisme, mouvement qui avait pris une extension considérable aux États-Unis et au Royaume-Uni dans les années 1990, mais encore assez peu connu dans les pays francophones et qui propose l'adhésion à un programme de modification technoscientifique de l'être humain. L'objectif transhumaniste tend à ce que chaque personne puisse bénéficier d'un usage rationnel des biotechnologies d'amélioration[2]. L'enthousiasme technophile des transhumanistes est

---

1. Dans un numéro spécial en hommage à Gilbert Hottois de la *Revista Colombiana de Bioética*, Jaime Escobar Triana a réuni l'ensemble des textes des conférences que Hottois a données à Bogotá : *Revista Colombiana de Bioética*, Numéro conmemorativo, Agosto 2019. Ce volume comprend huit conférences de Gilbert Hottois, un éditorial de Chantal Aristizábal Tobler, ainsi que des commentaires sur les ouvrages de Hottois par des collègues de l'Universitad El Bosque, notamment par Jaime Escobar Triana, et Constanza Ovalle Gómez. Par ailleurs, un colloque en hommage à Gilbert Hottois a été organisé par son ami et collègue Lazare Poamé à l'Université de Bouaké (Côte d'Ivoire) en septembre 2019. À cette occasion est intervenu le professeur André Liboire Tsala Mbani, auteur d'un très bel ouvrage intitulé *Gilbert Hottois et l'ontologie humaine* (Paris, L'Harmattan, 2020).

2. Pour une perspective sur l'éthique de l'amélioration humaine (*ethics of human enhancement*) que proposent divers penseurs transhumanistes, libéraux et bioconservateurs, voir le recueil de N. Bostrom, J. Savulescu (eds.), *Human enhancement*, Oxford, Oxford University Press, 2009.

sans limite. Si on applique leur projet, les transhumanistes nous promettent une meilleure santé, une vie plus longue, un intellect amélioré, des émotions enrichies et, bien sûr, un bonheur indicible. Leur programme, qui peut être résumé par le slogan « *Living longer, healthier, smarter and happier* », est de transcender les formes actuelles de l'être humain. Des défenses argumentées du transhumanisme se trouvent notamment dans les textes des philosophes et scientifiques Max More, Nick Bostrom, Julian Savulescu, James Hughes, Ray Kurzweil... Si le concept de transhumanisme apparaît déjà sous la plume de Julian Huxley, le mouvement transhumaniste ne commence à se développer que dans les années 1960 et 1970 avec des penseurs comme F.M. Esfandiary (surnommé FM-2030), et Robert Ettinger. En 1992, Max More et Tom Morrow créent le mouvement des Extropiens qui défend une version libertarienne du transhumanisme. En 1998, les philosophes Nick Bostrom et David Pearce fondent la *World Transhumanist Association (WTA)*, qui prône un transhumanisme plus social. En 2006, la *WTA* est rebaptisée *Humanity* + (H +).

Si le transhumanisme peut ressembler à l'humanisme classique, les moyens qu'il entend mobiliser, à savoir les nouvelles technologies, l'en distinguent. Et, il offre là deux paradigmes : le premier, celui de la transformation de l'être humain par les biotechnologies et, le second, celui de la création de nouvelles formes de vie et de conscience artificielles à partir des recherches liées à l'IA et à la robotique...

Ouvrant la voie à une transformation biologique de l'humain, le futurologue Joël de Rosnay avait imaginé, en 1980, la mise au point d'une « machine à écrire génétique ». Cette prophétie s'est aujourd'hui réalisée puisque la technologie du CRISPR/cas9 permet l'édition du génome. En donnant le pouvoir de recombiner l'ADN avec précision, cet outil a suscité un vif débat relatif à la régulation d'une technologie qui autorise le design génétique d'embryons humains. Ainsi, le premier International Summit on gene editing de 2015 à Washington a eu lieu pour discuter des aspects scientifiques et éthiques de l'édition du génome. En novembre 2018, cela n'a pas empêché le chercheur chinois He Jiankui de modifier génétiquement des embryons humains pour tenter de leur conférer une résistance au virus du SIDA. Les biotechnologies laissent ainsi entrevoir la possibilité de changer durablement le corps et l'intellect, de transformer l'être humain. Certains critiques ont assimilé le transhumanisme au *Meilleur des Mondes* d'Aldous Huxley. La comparaison ne tient cependant pas. Le modèle que décrit Huxley correspond à une société totalitaire qui pratique une forme radicale d'Eugénisme d'État. Le transhumanisme, par contre, défend une utopie technoscientifique reposant sur le pari que les hommes choisiront librement d'avoir recours aux technologies d'amélioration. À cet égard, *Black Milk*, ouvrage de science-fiction de Robert Reed, illustre davantage l'eugénisme libéral et la liberté procréatrice auxquels seront confrontées les prochaines générations. Ryder, le narrateur de *Black Milk*, enfant génétiquement amélioré, rapporte ses aventures et celles de ses amis génétiquement modifiés à des degrés divers. Ces histoires traduisent des préoccupations ordinaires d'enfants dont la grande entreprise est la construction d'une cabane en bois dans un vieux chêne, ce qui traduit que, paradoxalement, les enfants « améliorés » ne se sentent pas différents des autres enfants.

La voie IA/robotique du posthumain a été défendue par des penseurs tels Vernor Vinge, Marvin Minsky et Ray Kurzweil. Dans son ouvrage *The Singularity is near*, Kurzweil se présente comme le prophète de la Singularité, c'est-à-dire d'une période de changements radicaux à venir, causés par une accélération exponentielle du progrès technologique. La Singularité suppose la genèse de consciences artificielles et/ou la mise au point d'une « Superintelligence » qui dépasserait les capacités humaines dans tous les domaines de la cognition. Des robots conscients prendraient ainsi la relève des êtres humains. Telle serait la posthumanité, héritière de l'humanité, toutefois non biologique. Nombreuses en sont les illustrations dans la science-fiction. Dans les récits du *Cycle de la Culture* de Iain Banks, ce sont des IA, des « Minds », qui soustrayant les individus à la gestion des affaires courantes, les libèrent pour des activités culturelles ou ludiques. Les vaisseaux spatiaux y deviennent même des machines conscientes et intelligentes. Dans *Citizen cyborg*, James Hughes envisage une citoyenneté cyborg autorisant la cohabitation pacifique des humains avec des êtres artificiels. Jusqu'ici en effet, les robots et les IA restent des artefacts non conscients. Il leur manque la conscience de soi pour accéder au statut de personne, et donc à la citoyenneté que Hughes rêve de leur accorder.

Après ce bref rappel sur le transhumanisme, revenons-en à la question que je pose à Gilbert Hottois dans la postface sous forme de dialogue de *Species Technica*. Dans ma question écrite, après une brève présentation du mouvement, je demande à Hottois : « Que pensez-vous de ces positions transhumanistes ? »[1]. Et, à ma grande surprise, Hottois répond : « Non, je ne connaissais pas ce mouvement, pas même son existence »[2]. Et il poursuit : « De ce que j'entends de vous, je constate qu'il soulève toute une série de questions très importantes que recoupent clairement celles qui se posent à travers ST et que je m'efforce d'approfondir philosophiquement depuis la fin des années 1970. Je pense, tout spécialement au rapport avec l'humanisme des Lumières et à la mise en question du paradigme thérapeutique. Vous parlez vous-même d'un certain simplisme et d'un optimisme naïf. Je partage tout à fait cette impression. Personnellement, je suis plus prudent, non par crainte, mais parce que je pense que toute cette problématique, toutes ces perspectives sont infiniment plus complexes, ambivalentes, lointaines et lentes aussi, qu'il ne semble à écouter ces candidats à la transhumanité. Mais il ne faut pas non plus condamner la candeur, l'enthousiasme en bloc. Ces transhumanistes sont peut-être les vrais idéalistes de demain »[3].

---

1. G. Hottois, *Dialogue autour de Species Technica vingt ans plus tard, op. cit.*, p. 237-238.
2. *Ibid.*, p. 238.
3. *Ibid.*, p. 238.

En 2002, au moment de la publication de *Species Technica*, Hottois ignorait donc tout de la genèse du mouvement transhumaniste. C'est très étonnant dans la mesure où Gilbert Hottois lui-même doit être considéré comme l'un des pionniers du mouvement transhumaniste. En effet, dans sa thèse sur *l'Inflation du Langage dans la Philosophie Contemporaine* (1976) et dans son livre *Le signe et la technique* de 1984, il est un des premiers philosophes à utiliser les concepts de transhumain, d'abhumain et de posthumain, et à théoriser la transformation à long terme de l'être humain par la technoscience. A la fin de sa carrière académique, Hottois va confronter ses propres idées sur la technoévolution de l'humain (qu'il défend depuis sa Thèse de 1976) avec les différents courants du mouvement, au point de consacrer plusieurs livres au transhumanisme[1]. Il peut-être considéré aujourd'hui comme un des plus éminents théoriciens du trans/posthumanisme.

Ce qui l'intéresse au premier chef, ce sont les idées transhumanistes. Elles méritent d'êtres prises au sérieux par les philosophes. Il ne s'agit pas d'adhérer de façon militante à une thèse idéologique mais de clarifier le trans/posthumanisme et à prendre position de façon nuancée et argumentée. Il défend l'hypothèse que la « nébuleuse trans/posthumaniste est prégnante de la philosophie ou, du moins, de l'accompagnement philo-sophique à la fois critique et constructif approprié à

---

1. G. Hottois, *Le transhumanisme est-il un humanisme ?* ; G. Hottois, J.-N. Missa, L. Perbal, *Encyclopédie du Trans/posthumanisme* ; G. Hottois, *Philosophie et idéologies trans/posthumanistes*, Paris, Vrin, 2018.

notre temps et fécond pour l'avenir »[1]. Selon lui, le transhumanisme constitue une sorte de synthèse entre l'utilitarisme et l'évolutionnisme qui permet d'aller au-delà de l'hédonisme de l'utilitarisme en apportant aux théories évolutionnistes une orientation morale et politique. Le trans/posthumanisme doit être appréhendé dans une perspective à long terme. Il doit renvoyer à la temporalité de l'évolution cosmologique, géologique et biologique, celle du passé et du futur très lointain. Bien sûr, on peine à se situer face à une temporalité qui prend en compte un futur balisé en millions d'années. « Le très lointain futur trans/posthumain sera aussi différent de nous que nous sommes différents des formes de vie paléozoïques »[2], écrit Hottois, pour marquer les esprits. Ces durées prises au sérieux posent des questions radicales et suscitent des émotions intenses. Il faut placer la technoscience et son influence sur l'humain dans la perspective à long terme de l'Evolution. En perdant les illusions anthropocentristes, on est inévitablement confronté à l'extrême vulnérabilité de l'espèce humaine dans l'espace et dans le temps. Avec le court-termisme si fréquemment adopté dans le discours transhumaniste, on tombe dans le piège d'un trans/posthumanisme idéologique, militant et utopiste. Que la technoscience contemporaine soit empirique, laborieuse, provisoire invite au contraire à un transhumanisme modeste et prudent, qui s'oppose aux utopies.

1. G. Hottois, *Philosophie et idéologies trans/posthumanistes*, *op. cit.*, p. 286.
2. *Ibid.*, p. 295.

« Le transhumanisme est-il un humanisme ? » se demande encore Hottois. Et il répond qu'il peut l'être à condition de ne pas postuler une définition restrictive de l'humain et de reconnaître l'importance de l'évolution et de la technoscience. « Le transhumanisme, c'est l'humanisme religieux et laïque, assimilant les révolutions technoscientifiques échues et la R&D à venir, capable d'affronter le temps infiniment long de l'Evolution et pas simplement la temporalité finalisée de l'Histoire. C'est un humanisme apte à s'étendre, à se diversifier et à s'enrichir indéfiniment »[1]. Hottois doit ici être clairement considéré comme un penseur transhumaniste dans la mesure où il fait l'hypothèse que « l'anthropo-technique éthiquement consciente constitue sur le long terme pour l'espèce humaine et sa descendance le meilleur pari »[2]. Il faisait déjà le même choix dans sa thèse de 1976 en écrivant que la dignité ultime de l'homme doit chercher à s'affirmer non pas dans l'assomption de sa nature mais « dans l'audace et le risque de la négation de sa nature »[3].

Si la science-fiction a fasciné Gilbert Hottois tout au long de sa vie, c'est parce qu'elle confronte le lecteur à tous les avenirs imaginables. Elle aide ainsi à penser le futur, un futur non encore fixé. Dans le dernier livre qu'Hottois a publié de son vivant, il revient sur les liens entre science-fiction et transhumanisme : « Une histoire de la science-fiction reste à écrire qui montrera que

1. *Ibid.*, p. 302.
2. *Ibid.*, p. 286.
3. G. Hottois, *Essai sur les causes, les formes, et les limites de l'inflation du langage…*, Thèse citée.

l'imaginaire et la philosophie implicite de la science-
fiction sont profondément trans/posthumanistes, ce qui
ne signifie pas nécessairement favorables au trans/
posthumanisme ni confiant dans un avenir trans/
posthumain positif. Pétrie de fantasmes et de spéculations
trans/posthumanistes, la science-fiction reste narrative.
Elle est un lieu idéal pour tester symboliquement les
limites de l'humain, sans prétendre les franchir car elle
perdrait la substance même qui rend une histoire possible,
sensée et lisible. Tout au plus la grande science-fiction
– de Stapledon à Egan, Banks ou Benford, en passant
par Clarke, Lem et quelques autres – conduit-elle de
façon passionnante au seuil des singularités trans/post/
abhumaines. Dans la science-fiction, le futur a gagné
une consistance sensible et plurielle. Le lecteur de
science-fiction est confronté à tous les avenirs contingents
imaginables et concevables. Toutes les merveilles et
toutes les abominations sont là, écrites : toutes les
utopies, toutes les apocalypses, toutes les transfigurations
et tous les anéantissements, tous les progrès et toutes
les régressions… Des futurs deviennent ainsi pensables,
des futurs non encore décidés. L'exploration science-
fictionnelle multiplie et diversifie les possibles et laisse
l'avenir ouvert. Les histoires du futur, que l'on rencontre
par centaines en science-fiction, ne prétendent pas
prophétiser ce qui va se passer. Elles disent que le futur
ou l'ailleurs cosmique, si lointains et si étrangers fussent-
ils, ne sont pas inaccessibles au récit et donc au sens. A
la différence du fantastique qui se nourrit des ruptures
ontologiques irrationnelles, la science-fiction conserve
au moins la rhétorique de la rationalité technoscientifique

et humaine, si peu réaliste soit-elle. Cette rhétorique dit que l'espèce humaine peut errer et s'autodétruire ou être victime d'un cataclysme cosmique, mais aussi poursuivre indéfiniment l'exploration et l'invention de soi-même et de l'univers »[1].

Dans *La Science-Fiction. Une introduction historique et philosophique*, Hottois montre que la philosophie sous-jacente à la SF du tournant du millénaire est le trans/posthumanisme qui projette la transformation radicale et/ou la disparition de l'espèce humaine dans un avenir plus ou moins éloigné. Il y écrit que « l'inspiration trans/posthumaniste renoue avec l'espérance utopique sur Terre et dans les étoiles (Greg Egan, Robert Sawyer, Iain Banks qui renouvelle en même temps le Space Opera) en même temps qu'avec le pessimisme dystopique et l'angoisse apocalyptique ». De sa thèse de doctorat jusqu'au dernier manuscrit qui n'a pas été édité, Gilbert Hottois aura été hanté par le thème de la transformation de l'homme par la techno-science. Philosophe transhumaniste, il le sera de l'adolescence jusqu'à son dernier souffle. A l'instar d'André Gillian, son double fictionnel de *Species Technica*, Gilbert Hottois est bien le « théoricien de la mutation technologique de l'homme ».

Enfin, j'aimerais ajouter et souligner qu'on ne peut aborder son parcours intellectuel et académique sans évoquer ses nombreuses qualités humaines. Gilbert a toujours été un professeur soucieux et à l'écoute de ses étudiants, un promoteur soutenant fidèlement ses

---

1. G. Hottois, *Philosophie et idéologies trans/posthumanistes*, *op. cit.*, p. 300-301.

doctorants, et un chercheur ayant une capacité de travail phénoménale. Son sens critique et sa modestie le menait également volontiers à l'autodérision. Tout au long de sa carrière, mais aussi tout au long de sa vie, la pensée de Gilbert Hottois est demeurée attachée au thème de la technoscience, néologisme qu'il imagina dans les années 1970. Ceux qui ont eu la chance de le côtoyer ont pu apprécier sa rigueur intellectuelle et morale, sa gentillesse, sa fidélité en la parole qu'il donnait, son humour et son humilité. Dans des notes prises pour la rédaction d'une autobiographie intellectuelle, Gilbert écrit d'ailleurs ceci : « "CIRCONSTANCES" : voilà un titre original et une perspective : je ne puis parler que des circonstances contingentes de ma vie ; je n'ai pas trouvé la solution de l'énigme, je ne puis exposer que les faits (ce qui comprend les idées) : il n'y a pas de sens ; il y a eu la quête d'un sens, et il ne faut pas que je présente cela autrement… ». Et citant Stanislas Lem, il ajoute « Du moment que nous ne comprenons pas l'énigme, il ne nous reste en fait rien d'autre que ces circonstances »[1].

Jean-Noël Missa
Décembre 2020.

---

1. G. Hottois, *SF et moi*, notes inédites.

CHAPITRE PREMIER

GENÈSE ET PORTÉE D'UN NÉOLOGISME

UNE PREMIÈRE OCCURRENCE OUBLIÉE

Il arrive souvent que la première introduction reconnue et de fait décisive d'un néologisme soit contestée par la découverte d'une occurrence antérieure mais sans lendemain. Il existe une occurrence de « science-fiction » bien plus ancienne que l'usage inauguré par Hugo Gernsback dans *Science Wonder Stories*. Il est dû au poète et essayiste anglais William Wilson qui introduisit en 1851 l'expression « science-fiction » dans son *A Little Earnest Book Upon a great Old Subject*[1], dont le chapitre 10 s'intitule : « Science-Fiction – R. M. Horne's Poor Artist – Notice of the Same – The Modern Discoveries and Application of Science – The Electric Telegraph – Phrenology ». Bien que le poète dramatique Horne n'écrive pas de la sf telle que nous la connaissons, l'ambition de la sf est clairement énoncée par Wilson : la fiction comme moyen de susciter l'intérêt pour la science et se familiariser avec elle.

---

1. W. Wilson, *A Little Earnest Book Upon a great Old Subject*, Londres, Darton and Co. Holborn Hill, 1851 ; Whitefish (Montana), Kessinger Publishing, 2010.

Gernsback et l'autre grand éditeur historique de la sf
naissante, John W. Campbell Jr, auraient pu y souscrire.
Mais il y a plus. Dans *The Poor Artist ; or, Seven Eye-
sights and One Object*, Horne imagine, mélangeant
poésie et faits scientifiques, comment six créatures
biologiquement très différentes (fourmi, abeille, poisson,
araignée, oiseau, chat) voient diversement le même
objet qui se révèle être une pièce d'or à l'œil humain.
La leçon est de portée philosophique : elle manifeste la
relativité des perceptions et représentations humaines.
D'autres perspectives – étonnantes, inattendues – sont
justifiées. Cette multiplicité des regards possibles nous
est dévoilée par la science. C'est elle qui révèle la
diversité structurelle des organes de vision qui conditionne
et fonde la pluralité des phénoménologies. La sf cultivera
la puissance libératoire de la science et de la technique
par rapport aux évidences abusives des représentations
univoques, immuables et dogmatiques de la réalité.
Wilson exprime l'espoir que d'autres œuvres de science-
fiction suivront bientôt. L'hapax ne fut découvert semble-
t-il qu'en 1975 ; il était inconnu de Gernsback[1].

Hugo Gernsback, inventeur et promoteur de « science fiction »

Du point de vue lexical, la sf naît en deux temps. En
1926 sous le nom de « scientifiction », ensuite sous celui
de « science(-)fiction » en 1929. Les deux termes seront
en concurrence pendant plusieurs années. Le second
finira par s'imposer, avec une hésitation en ce qui

---

1. S. Moskowitz, « That Early Coinage of "science fiction" »,
Science Fiction Studies, n°10, vol. 3, partie 3, novembre 1976.

concerne le trait d'union qui disparaîtra peu à peu en langue anglaise. Une même personne est à l'origine de cette double naissance : Hugo Gernsback. Son histoire illustre le contexte psychologique, social et politique qui entoure la genèse de la sf américaine. Mike Ashley[1] offre de Gernsback une image nuancée sans tomber dans l'hagiographie ni dans la marginalisation méprisante que lui réservent trop d'historiens et de critiques de sf. Cette image négative répétée a une double origine. Gernsback est réputé pour avoir payé mal, tardivement ou pas du tout ses auteurs, ce qui lui a aliéné une partie du fandom dont il fut pourtant l'inspirateur et l'organisateur. Par ailleurs, on a de façon caricaturale réduit ses magazines à de la « gadget sf », alors que durant les années décisives de 1930 à 1934, *Wonder Stories* offre une conception et des histoires de sf d'une qualité supérieure à ce qui était par ailleurs disponible.

Hugo *Gernsbacher* est né au Grand-Duché de Luxembourg en 1884 dans une famille juive allemande aisée immigrée depuis peu. Il suit une formation d'ingénieur technicien électricien au Luxembourg et en Allemagne. Il maîtrise l'allemand, l'anglais et le français. Encore enfant, il découvre Verne et Wells, ainsi que les spéculations au sujet de la vie sur Mars (Giovanni Schiaparelli, Perceval Lowell), qui l'impressionnent profondément.

---

1. M. Ashley, R. Lowndes, *The Gernsback Days. A Study of the Evolution of Modern Science Fiction from 1911 to 1936*, Wildside Press, Holicong (PA), 2004. Voir aussi M. Ashley, *The History of the Science Fiction Magazines*, 4 vol., Liverpool University Press, 2000.

En 1904, il émigre aux USA, car il estime que l'Europe offre trop peu d'opportunités pour un jeune inventeur entreprenant. Il fonde aussitôt à New York une entreprise d'importation et de vente de pièces détachées de radio, publie un catalogue commercial et lance les premiers postes de radio (récepteurs-émetteurs) portatifs domestiques baptisés « Telimco » du nom de son entreprise : « The Electro Importing Company ». Dès 1908, le catalogue est remplacé par une revue technique et commerciale destinée aux radio-amateurs et bricoleurs, *Modern Electrics*, dans laquelle paraissent aussi des textes spéculant sur des inventions en gestation ou à venir (par exemple, « Television and Telephot », 1909) et des récits partageant la même visée inventive et futuriste sous une forme plus attrayante. La revue publiée par sa propre maison d'édition – Gernsback a constamment dirigé plusieurs entreprises plus ou moins indépendantes et complémentaires – est un succès immédiat. Il reçoit des communications encourageantes de Thomas Edison (lettre) et de Guglielmo Marconi (article). En 1909, il fonde la Wireless Association Of America (WAOA) qui regroupe rapidement des milliers de radio-amateurs. Gernsback s'engage dans une lutte politique pour défendre la liberté de ceux-ci. Son action, appuyée sur une foule de sympathisants, aboutit à faire passer une législation (Wireless Act, 1912) offrant un accès libéral à la puissance d'émission et aux longueurs d'onde que l'État américain envisageait de restreindre drastiquement. En avril 1911 débute dans *Modern Electrics* la publication, sous forme de feuilleton, de *Ralph 124C41 +. A Romance of the Year 2660*. Considéré par certains comme le premier roman de sf, le récit illustre deux prétentions de la sf gernsbackienne : la vraisemblance technoscientifique et la portée anticipatrice, voire prophétique. L'histoire débute par une communication audio-visuelle entre Ralph, super-savant de 2660 et un collègue ; elle est interrompue par l'intervention d'une inconnue parlant français et appelant depuis la Suisse. Ralph enclenche le traducteur automatique incorporé au système de communication mondial qui lui permet de poursuivre la conversation. Un siècle après la publication de *Ralph*, cette anticipation est devenue réalité. Le nombre d'inventions – aujourd'hui concrétisées ou non – décrites dans *Ralph* est impressionnant. L'une des plus ouvent mentionnées est le radar. L'inventeur officiel de celui-ci en 1935, Watson-Watt, reconnut que Gernsback en avait eu l'idée précise avant lui-même bien qu'il l'ignorât lors de l'invention. Gernsback voulait stimuler l'inspiration d'inventeurs potentiels à travers des fictions narratives riches en spéculations technoscientifiques et encourager aussi à cette fin la lecture et l'écriture (susciter des auteurs) de ce type de fictions. Dans son éditorial d'avril 1916 de *The Electrical Experimenter* (qui se substitue à *Modern Electrics* dès 1913 et sera rebaptisé *Science and Invention* en 1920), Gernsback écrit : « Progress in science is as infinite as time, it is inconceivable how either could stop. (…) if we succeed in firing some experimenter's imagination to work in a new direction, due directly to our imaginary illustrations, then indeed we will feel amply repaid for our toil. »

Son lectorat est d'abord le technicien-amateur-bricoleur-inventeur qui fait de la science et de la technique son principal hobby. Gernsback reproche aux scientifiques établis de ne pas placer la science et la technique à la portée des gens et de manquer d'imagination et de vision. En août 1923, la couverture de *Science and Invention* porte le titre : « Scientific Fiction Number ». En 1925, Gernsback publie *Ralph* sous forme de roman[1] et fonde sa propre station de radio-diffusion WRNY (Wireless Radio New York) qui émet quotidiennement. Il est un entrepreneur prospère qui dirige plusieurs compagnies sur la place de New York.

C'est alors qu'il décide de lancer un magazine original – *Amazing Stories* – puisqu'il sera intégralement consacré à des récits sf qu'il nomme « scientifiction » en donnant une première définition : « a charming romance intermingled with scientific fact and prophetic vision » (éditorial du n°1, avril 1926). Le succès est immédiat. Il va rapidement l'exploiter, l'étendre et l'organiser. Ce sont les débuts du « fandom » – la communauté de sf – originellement issue de la publication de lettres de lecteurs avec leurs adresses de telle sorte qu'ils puissent échanger entre eux autant qu'avec l'éditeur et les auteurs. Dans la foulée, Gernsback lancera dès 1934, « The SF League », organisée en chapitres dans de nombreuses villes américaines. Toute cette organisation n'est pas sans rappeler l'action entreprise une vingtaine d'années plus tôt afin d'associer les radio-amateurs. Mais entre-temps, Gernsback a dû abandonner *Amazing*. Ses succès

---

1. *Ralph 124C41* + a été réédité par University of Nebraska Press en 2000.

dus, en partie, à sa rhétorique technoscientifique ont fait de l'ombre à d'autres magnats de l'édition de magazines populaires, notamment MacFadden (*Ghost Stories*) qui, échouant à racheter *Amazing*, profite d'une loi mal conçue pour acculer Gernsback à la faillite, alors que ses finances étaient saines et qu'il était seulement en retard de paiement. Gernsback perd le contrôle de *Amazing* après le numéro de mars 1929. Mais il rebondit très vite, car il reçoit le soutien de milliers de souscripteurs pour lancer *Science Wonder Stories* dès juin 1929. « Scientifiction » étant un néologisme commercialement lié à *Amazing*, Gernsback introduit alors l'expression « science-fiction » qu'il définit dans l'éditorial du premier numéro de *Science Wonder Stories.* Ce nouveau magazine bénéficie de l'expérience de *Amazing*. Gernsback veut renforcer la double exigence de qualité des histoires sf : le sérieux technoscientifique et l'intérêt de l'intrigue. Le sérieux cherche une garantie dans le « Board of Associate Science Editors » qui compte plusieurs scientifiques de renom ouverts aux dimensions visionnaires de la science. Contre une opinion répandue, Ashley montre de façon convaincante que pendant quelques années clés – de 1930 à 1934 – *Wonder Stories* fut le meilleur des trois magazines de sf disponibles, qui comprenaient *Amazing* (dont la publication est poursuivie) et *Astounding Stories*, dont l'influence deviendra prépondérante par la suite.

A partir de 1935, l'histoire de Gernsback cesse d'être fondatrice et motrice pour la sf qui « explose ». *Wonder Stories* est vendu en 1936. Hugo Gernsback demeurera cependant très actif dans le domaine de l'édition et de la promotion de la sf dont il continue d'avoir une vision très ambitieuse ainsi qu'en témoigne encore son discours d'invité d'honneur à l'occasion de la Worldcon (World Science Fiction Convention : Congrès Mondial de sf) de Chicago en 1952. Bien des idées porteuses d'inventions viennent de la sf, mais les auteurs sont oubliés lors de leur réalisation et des bénéfices qui en découlent. Il regrette qu'un brevet ne puisse être accordé à des *idées* : il faut pouvoir fournir un modèle, un prototype ou expliquer très précisément comment le nouveau dispositif va fonctionner. Or, l'avance de la sf sur son temps est telle que cette exigence ne peut être remplie. Et de donner l'exemple de son *Ralph* rempli d'anticipations technoscientifiques. La sf permet de « gaze into our future world » : c'est une affaire très sérieuse[1]. En 1960, Gernsback reçoit un prix spécial lors de la cérémonie des prix Hugo qui, décernés à l'occasion de chaque Worldcon, portent son prénom. Il meurt en 1967.

Reprenons avec un peu plus de détails la naissance en deux temps de la sf dans *Amazing Stories* et *Science Wonder Stories*.

1926 : « SCIENTIFICTION »

En avril 1926, Gernsback, qui publie déjà *Science & Invention* et *Radio News*, lance *Amazing Stories*, avec pour sous-titre « The magazine of scientifiction ». Il ouvre sur un Editorial intitulé « A new sort of magazine ». Il y a, observe Gernsback, une demande d'histoires de scientifiction dont il a publié quelques exemples dans

---

1. M. Resnick, J. Siclari (eds), *Worldcon Guest of Honor Speeches*, ISFIC Press, Deerfield, 2006, p. 69 *sq*.

ses magazines antérieurs. Ces histoires sont différentes de celles qui exploitent l'amour et le sexe ou l'aventure. Elles sont en résonance avec le monde nouveau qui est caractérisé par les progrès scientifiques et techniques. Elles sont instructives et prophétiques. Au-dessus du titre de l'éditorial figure une sorte de slogan qui résume l'esprit anticipatif de la scientifiction : « *Extravagant Fiction Today – Cold Fact Tomorrow* ». Gernsback place la scientifiction sous l'égide de trois noms : Poe, Verne et Wells, et ce premier numéro de *Amazing Stories* publie un texte de chacun. Le frontispice qui domine la table des matières au début du magazine représente « Jules Verne's tombstone at Amiens portraying his immortality » (p. 2), légitime hommage rendu par la sf américaine naissante à la littérature d'imagination technoscientifique française.

Immédiatement apparaissent deux caractéristiques de la littérature de sf : la très forte interaction entre le magazine (l'éditeur ou le rédacteur mais aussi, par la suite, les auteurs) et les lecteurs, et, d'autre part, la question de la scientificité. Dès le n°2 (mai 1926), Gernsback remercie dans son Editorial les nombreux lecteurs qui lui ont écrit et dont l'un suggère d'imprimer en italique ce qui est purement scientifique dans les récits. Dans le n°3, il évoque encore l'abondance du courrier des lecteurs actifs et propose de parler de « scientifiction fans ». Tout au long de sa carrière éditoriale, Gernsback, commerçant avisé, cultivera les relations avec ce lectorat. Ainsi naît et croîtra rapidement le *fandom* mêlant lecteurs, éditeurs, auteurs et critiques. L'importance des interactions des acteurs du fandom a été et demeure essentielle pour la sf. Une source du fandom originel est le lectorat des magazines techniques commerciaux de Gernsback composé de « hobbyists » : les amateurs, bricoleurs, ingénieurs du dimanche, passionnés d'expériences et inventions techniques dans divers domaines : radio, auto, avion, électricité, à une époque où chacun pouvait s'improviser bricoleur-inventeur-entrepreneur. C'est pour eux que Gernsback fabrique et commercialise les premiers postes de radio en 1905, publie un catalogue commercial de pièces détachées dès 1908, puis d'autres revues techniques et commerciales dans lesquelles il va insérer des histoires sf qui plaisent à l'imagination des hobbyistes. Il n'est donc pas surprenant que la question du sérieux des références et extrapolations scientifiques et techniques devient quasi immédiatement un sujet de débat. Elle le restera jusqu'à aujourd'hui. Son enjeu est la délimitation et la définition de ce qui mérite le nom de « scientifiction » ou « science-fiction ». Elle rebondit à travers les numéros successifs de *Amazing*, souvent à l'incitation de lecteurs et elle embarrasse Gernsback. Celui-ci en effet ne cesse de souligner la relation fondatrice de la scientifiction à la science. Ainsi lorsqu'il lance, dans le numéro 9, un concours (doté d'un prix de 500 dollars) d'histoires inspirées par la couverture, il précise bien : « The story must be of the scientifiction type and must contain correct scientific facts to make it appear plausible and within the realm of present – day knowledge of science. » (p. 773). Pourtant, dans l'édito du numéro précédent intitulé « Plausibility in scientifiction », il cite un lecteur qui critique le manque de rigueur scientifique des histoires. Or, tout en se réjouissant de cette réaction, Gernsback prend la défense des histoires publiées en évoquant la « licence poétique » : une plus ou moins grande liberté de l'écrivain imaginatif par rapport aux faits. La disparité existant entre l'idéal théorique de rigueur de la scientifiction gernsbackienne et le contenu souvent fantaisiste des histoires publiées est bien connue des historiens et critiques de sf. Elle tient au type de rapport qu'une partie importante du fandom noue à la science et à la technique. Cette relation ressemble à de la *foi* dont le cœur serait qu'à longue échéance – et souvent beaucoup plus rapidement qu'on aurait osé espérer – *rien n'est impossible* : il est, dit Gernsback, « most unwise in this age to declare anything impossible. » (*Amazing*, n° 4). Cette foi est étayée autant par la technique qui continue d'inventer des appareils merveilleux qu'on jugeait naguère encore impossibles (notamment, autour de la radio, de la télévision naissante et de la maîtrise des ondes électromagnétiques, en général), que par la science qui découvre des phénomènes naturels étonnants, comme des formes de vie inconnues. Bref, ce n'est pas seulement le génie technique qui rend possible l'impossible, déjà l'observation et l'étude de la nature élargissent immensément l'étendue de ce que nous jugeons possible et nous détrompe sur l'impossible. Ce refus de l'impossible est mis en relation avec la valeur de la liberté et la vertu de tolérance, avec, pour corollaire, que ceux qui ne cessent de proclamer des impossibilités sont intolérants et dogmatiques. Dans un éditorial en quête de lettres de noblesse historiques, Gernsback évoque Léonard de Vinci, ce visionnaire prophétique de machines qui paraissaient impossibles et qui furent réalisées beaucoup plus tard, mais aussi Roger Bacon, penseur imaginatif et proto-expérimentaliste, qui vécut à une époque d'intolérance, passée certes mais pas entièrement révolue (*Amazing*, n° 3).

La foi émerveillée dans la science se vend plus aisément que l'information, l'apprentissage et le labeur scientifiques. Aux lecteurs qui souhaitaient que le magazine soit dénommé clairement *Scientifiction* au lieu de *Amazing Stories*, (« Editorially speaking », n° 6), Gernsback répond que cette appellation ferait fuir de nombreux lecteurs potentiels. Lorsque, après avoir été acculé à la faillite, Gernsback lance en 1929, un nouveau magazine sous le titre *Science Wonder Stories*, il supprimera « Science » dès la fin de la première année, car ce mot semble faire peur à une partie d'un lectorat – et donc d'un marché – de plus en plus étendu mais aussi plus concurrentiel.

Avril 1929 est la dernière publication d'*Amazing* éditée par Hugo Gernsback, évincé par les manœuvres d'un concurrent qui s'appuie sur les créditeurs de Gernsback. A partir de mai, les éditoriaux sont signés par Thomas O'Connor Sloane (ancien rédacteur associé : *associate editor*), qui jouit d'une formation scientifique universitaire. Sans rien changer de fondamental à la structure et au contenu du magazine, Sloane rédigera des éditoriaux de vulgarisation scientifique et technique, historique et actuelle. En juin 1929 (Editorial : « The romance of some thin wire »), Sloane laisse entendre que la narration véridique d'une découverte-invention scientifique – en l'occurrence le filament incandescent pour luminaire – constitue une histoire aussi passionnante qu'une scientifiction. Au début des années 1930, une instabilité lexicale apparaît : on rencontre dans les mêmes livraisons tantôt « scientifiction », tantôt « scientific fiction », et les deux expressions sont en concurrence comme sous-titre du magazine. En décembre 1932 (volume 7, n°9), le sous-titre devient : « The Magazine of Science Fiction ». Le numéro suivant (janvier 1933) maintient « science fiction » en pages intérieures et affiche encore « Scientifiction » en couverture. En mars, c'est l'inverse : « Science Fiction » est sur la couverture. Au cours de l'année 1933, la nouvelle expression finira par s'imposer dans *Amazing*. Mais ce n'est pas là qu'elle est d'abord apparue. C'est pourquoi nous quittons ce magazine – qui sortira, en mai 1945, à l'occasion de ses quinze ans d'existence un numéro géant (vol. 15, n°5) dédié à Gernsback « the father of science fiction » (p. 6) – pour nous tourner vers l'autre magazine historique lancé par celui-ci.

1929 : « SCIENCE(-)FICTION »

Science Wonder Stories :
     volume 1, n°1 ; juin 1929

Si l'on s'en tient au critère terminologique, le texte fondateur de la sf est l'Editorial rédigé par Hugo Gernsback pour le premier numéro de *Science Wonder Stories* en juin 1929. La phrase décisive intervient après le rappel des modèles que restent Verne et Wells, auteurs d'histoires ayant un « scientific background » et répondant au besoin de « scientific fiction ». La voici : « I started the movement of science fiction in America in 1908 through my first magazine, *Modern Electrics*. ». Elle est intéressante à plusieurs égards. Elle laisse entendre que la sf est plus ancienne que son nom ; la désignation de la sf comme un « mouvement » suggère qu'elle ne se réduit pas à une espèce de littérature ; enfin, il s'agit de la sf en Amérique : Gernsback ne se présente pas comme l'initiateur de toute sf.

Science Wonder Stories bénéficie de l'expérience de *Amazing*. Le nouveau magazine est mieux structuré, plus précis, plus complet.

Des fictions scientifiques ou pseudo-scientifiques

Toute une équipe d'« Associate Science Editors » composée d'une quinzaine de scientifiques universitaires dans les domaines de l'astronomie, de la botanique, de l'électricité, des mathématiques, de la médecine, de la physique, de la radio, de la zoologie, etc. s'affichent en haut de l'Editorial de *Science Wonder Stories*. Gernsback insiste sur leur rôle dans la « correction scientifique » des récits et il avance l'ambition de se distinguer des magazines qui reconnaissent ne publier que des histoires « pseudo-scientifiques ». Gernsback les contraignit pour des raisons commerciales – la fiction se disant « scientifique » se vendant mieux que celle qui s'avoue platement « pseudo-scientifique » – à abandonner cette qualification. Cette concurrence, à la fois commerciale et idéologique, avait déjà débuté avant *Science Wonder Stories*, dès les premières parutions de *Amazing* et l'introduction du terme « scientifiction ». Un magazine d'histoires fantastiques publiant à l'occasion des fictions scientifiques – *Weird Tales* (fondé en 1923) – reconnaît dans son éditorial de juin 1926 (deux mois après le lancement de *Amazing*) que « pseudo-scientific stories » « was a misnomer for the tales of science carried in this magazine » et de souligner la base scientifique solide des histoires publiées ! *Weird Tales* ne fait que répéter ce que fit *Argosy* quelques années plus tôt. Dès la toute fin du XIXe siècle, ce magazine de fantastique (*fantasy*) publie des histoires de sf et les nomme « different stories » ou encore « impossible stories ». Ce qui constitue, notons-le, une contradiction par rapport à un principe fondamental de la sf naissante : « rien n'est impossible ! ». Au début du XXe siècle, il est question dans *Argosy* de « pseudo-scientific stories » et, note Samuel Moskowitz[1], cette désignation aurait encore pu être en usage en 1950, « if it hadn't been for Hugo Gernsback » pour qui l'expression « was abhorrent ». En effet, lorsque le numéro de décembre 1922 de *Science and Invention* introduit en couverture l'appellation, alors nouvelle, de « scientific fiction » à laquelle Gernsback consacre l'année suivante tout un numéro, le succès est immédiat et fait de l'ombre à *Argosy*. Les étiquettes « pseudo-scientific stories » et « scientific fiction » s'opposent diamétralement. Mais la seconde paraît offrir davantage : outre les plaisirs de la fiction un apport scientifique. C'est ce qui poussa *Argosy* à abandonner l'étiquette « pseudo » dès 1924 et à parler de « scientific aventure », puis de « scientific fiction ».

On ne saurait mieux souligner le rôle joué par Gernsback dans la construction de la définition et de la représentation de la sf américaine comme *technoscientifique*.

---

1. S. Moskowitz, « How science fiction got its name », *The Magazine of Fantasy and Science Fiction*, février 1957, p. 67. C'est dès les histoires qu'il publie dans *Modern Electrics* (1908-) que Gernsback affiche le souci de la base scientifique.

Revenons à *Science Wonder Stories*. Outre l'éditorial et les six récits (dont un de Wells), trois rubriques sont significatives : « What is your science knowledge ? » (un questionnaire), « Science news of the month » et « What science fiction means to me » (invitation à un concours de dissertation sur la notion et sa portée ; couronné d'un prix mensuel), enfin des lettres de lecteurs.

La lecture communique d'emblée l'impression d'un grand sérieux et d'un investissement dans la sf loin d'être pur divertissement. Les lecteurs de sf sont invités à se considérer comme membres du groupe de personnes qui font avancer la civilisation, stimulent le progrès et y participent. Ils contribuent à l'âge nouveau des conquêtes scientifiques et techniques. Toute la rhétorique de Gernsback encourage la participation active des lecteurs par rapport au magazine et, au-delà, par rapport à la philosophie ou à l'idéologie qu'il véhicule et qui se livre, éparse, dans l'éditorial autant que dans des lettres de lecteurs passionnés dès ce premier numéro[1].

L'éditorial de Gernsback justifie la sf comme la littérature appropriée à l'époque technoscientifique. « Technoscience » et « technoscientifique », des termes qui n'existaient pas à l'époque, sont appropriés. Gernsback continue généralement de parler de la « science », mais la technique est au moins également importante. Une expression amalgamée évoque la notion

---

1. Dans l'éditorial de *Science Wonder Quarterly* qu'il lance en septembre 1929, Gernsback adopte un ton d'évangéliste : « It is impossible for us to succeed in our mission unless our science-fiction (*sic*) readers preach the gospel of science fiction (*sic*), wherever and whenever they have a chance to do so. ».

de technoscience : « Science-Mechanics-the Technical Arts » qui « nous environnent à tout instant, mieux : pénètrent profondément dans nos vies mêmes ». Toutefois, l'utilisation de « la science » en y incluant le plus souvent implicitement la technique permet de continuer de bénéficier du prestige de la science (bien supérieur à celui de la technique) et souligne l'unité et l'universalité du mouvement.

La science rend obsolète l'idée d'impossibilité : elle invite à la fiction. Mais celle-ci n'est pas pure rêverie dans la mesure où elle prend appui sur la science disponible et parce que « What man wills, man can do ». La sf intéresse les scientifiques chercheurs et inventeurs à qui elle fournit des idées ; elle est importante pour la jeunesse car elle élargit l'horizon des jeunes, les détourne de lectures pernicieuses (notamment les histoires de sexe en vogue) et contribue à une éducation scientifique.

Les *lettres de lecteurs* reprises dans la rubrique « What science fiction means to me » abondent dans le même sens ; ils forcent même les traits qui chantent la science et la sf solidairement.

Wonder Stories

Les numéros suivants de *Science Wonder Stories* poursuivent sur le même ton et dans le même esprit. Le magazine est rebaptisé *Wonder Stories* à partir de juin 1930. Après un dernier numéro bimestriel en avril 1936 (vol. 7, n°8), ce pulp historique change encore de nom et devient *Thrilling Wonder Stories*.

Cette désaccentuation de la référence à la science reflète son ambiguïté et sa difficulté. Le débat autour du bien fondé scientifique des fictions est porté par les lecteurs eux-mêmes. Ainsi, dans le numéro de juin 1934 (vol. 6, n°1), un lecteur (Milton Kaletsky) dénonce le caractère « incomprehensible, meaningless ; it was gibberisch in the guise of science » des pseudo-explications scientifiques dans certaines fictions publiées. Il rappelle que le magazine se veut « a *science-fiction* (sic) magazine, not a *pseudo-science-fiction* magazine. » (p. 118). A quoi Gernsback répond, comme il l'a déjà fait, que ce n'est évidemment pas un magazine scientifique et que dans « sf » on peut accentuer *science* ou *fiction*, les qualités de la fiction étant également importantes. Il reconnaît qu'il faut tendre à respecter au mieux les faits et explications scientifiques. Mais la plupart des lecteurs cherchent d'abord non pas la science, mais les « thought-stimulating effects – the imaginative possibilities » (p. 118). Parcouru près d'un siècle plus tard, *Wonder Stories* véhicule une image simpliste des sciences et des techniques, éloignée de la réalité du travail technoscientifique et des modalités de son insertion dans la société. Toutefois, il ne faut pas oublier qu'au début du XXᵉ siècle, la technique et l'invention étaient infiniment plus qu'aujourd'hui à la portée du bricoleur doué dans les domaines naissants de la radio, de la photographie, de l'automobile, de l'aviation… On ne vivait pas dans un univers technoscientifique composé de boîtes noires, de systèmes et de processus interconnectés et englobants. A partir du vol. 2, n°3 (août 1930), on voit apparaître en couverture le slogan : « The magazine of prophetic fiction » systématiquement imprimé comme un sous-titre sur la page de la table des matières jusqu'en 1936. Auparavant (vol. 2 n° 1), cette page portait le slogan : « Prophetic fiction is the mother of scientific fact ». L'idée est donc omniprésente et caractéristique de la sf de l'époque : la sf est « prophétique » ou « anticipation ». Plus que simplement ouvrir des possibles, la sf permet d'anticiper le futur. Gernsback cultive l'éditorial qui commence par « Wonders of... » : de la mer, du corps, de l'espace, de la nature, de la science, de la machine, de la planète Mars, de l'intelligence, de la technocratie (sic), du progrès etc. Le thème du merveilleux, de la merveille étonnante liée aux sciences et aux techniques est omniprésent : le « sense of wonder » est essentiel à la sf. Quant à l'expression même de « science(-)fiction » (avec ou sans trait d'union), elle est utilisée de façon non systématique, interchangeable avec d'autres, telle « science story ». Les interventions de Gernsback et le courrier des lecteurs continuent de renforcer la dimension communautaire du mouvement sf. A cet égard, la présentation et la promotion par Gernsback de la « Science Fiction League » en mai 1934 (vol. 5, n° 10) est tout à fait significatif. Il s'agit d'encourager, de développer et d'organiser aux plans national et international les nombreux « clubs » plus ou moins informels de fans qui sont apparus dans plusieurs villes américaines. Ces groupes sont épars et communiquent insuffisamment. Gernsback propose de les structurer en chapitres et de les coiffer d'un exécutif général (où l'on trouve des noms aujourd'hui bien connus en sf, tels Forrest J. Ackerman, Edmond Hamilton, P. Schuyler Miller ...) dont il est le secrétaire. La Ligue doit promouvoir les idéaux de la sf qui est « something more than literature. » (p. 1062). Mais cette dimension communautaire de la sf est ambivalente. Elle constitue une force qui a contribué à garantir la pérennité de la sf; elle est une faiblesse, car elle a largement protégé et coupé la sf de la critique externe. Le fandom a ses prix, ses héros, son histoire, son référentiel. Le fandom a un aspect fusionnel : il y a peu de distance entre éditeurs, auteurs, lecteurs et critiques. Cette ambivalence s'exprime aussi dans le rapport que la sf noue à la littérature « mainstream » qu'elle critique et dont elle envie la reconnaissance institutionnelle.

La décennie 1930 : la « science(-)fiction » s'impose progressivement : *Astounding*, *Science Fiction*, *Science-Fiction Plus* ...

Le troisième magazine fondateur de la sf paraît en janvier 1930 sous le titre *Astounding Stories of Super-Science.* Il existe aujourd'hui encore sous le nom de *Analog.* « Science(-)fiction » n'apparaît ni dans le titre ni dans le très bref Editorial du premier numéro sans doute parce que l'expression vient d'être inventée par un concurrent considérable qui l'a en outre directement thématisée et théorisée dans ses propres éditoriaux. « Super-Science » disparaît de l'intitulé de *Astounding* dès février 1931, pour réapparaître encore quelques fois jusqu'en 1933. Ensuite, le titre est simplement *Astounding Stories.* « Science(-)fiction » est utilisé dès qu'un courrier des lecteurs est introduit en mai 1930 (« The Readers' Corner ») et s'impose bientôt au détriment du naïf « super-science ». A partir de mars 1938, le magazine devient *Astounding Science-Fiction* (le trait d'union ne disparaîtra qu'en 1950) peu après la nomination de John

W. Campbell Jr comme rédacteur en chef. Un court éditorial intitulé « Science-Fiction » commente le changement de titre du magazine et renoue, sans le nommer, avec la vision ambitieuse de Gernsback : « Nul esprit médiocre ne peut ni comprendre ni goûter la science-fiction ». Il y faut de la curiosité pour l'inconnu et seuls ceux qui savent déjà beaucoup ont conscience qu'une infinité de choses restent inconnues. Il faut aussi être interpellé par le futur ; mais quiconque s'intéresse aux sciences s'intéresse au futur et vice versa : « Science is the gateway to that future. ». John W. Campbell Jr restera rédacteur en chef d'*Astounding* (devenu *Analog Science Fiction and Fact* en 1960) jusqu'à sa mort en 1971. Lorsqu'il accepte de devenir Editor d'*Astounding*, il est l'un des meilleurs écrivains sf du moment. Campbell est un homme, divisé. En témoigne la publication simultanée dans *Astounding* (1934) du très technoscientophile *The Mightiest Machine* (*La machine suprême*) sous son propre nom et de « Twilight » sous le peudonyme de Don A. Stuart (inspiré du nom de sa première femme Dona Stuart) que suivront d'autres histoires en rupture avec son optimisme technocratique telles « Night », « Blindness », « Who Goes There ? », etc. Tout en promouvant constamment « la méthode scientifique », il encouragea les dérives dianétiques, pseudo-scientifiques, quasi-mystiques dans les pages d'*Astounding* au cours des années 1950.

Même si la concurrence terminologique avec « science stories », « science fantasy », voire « scienti-fiction » demeure durant les décennies trente, quarante et plus encore cinquante, les magazines comportant dans leur titre « science fiction » se multiplient : *The Magazine of Fantasy and Science Fiction* (1949-), *Galaxy Science Fiction* (1950-), *Nebula Science Fiction* (1952-), *If. Worlds of Science Fiction* (1952-), *Science Fiction Adventures* (1952-), *Science Fiction Stories* (1953-), *Satellite Science Fiction* (1956-)…

Dans *Science Fiction* qu'il lance en mars 1939, Gernsback affirme, à tort, avoir créé l'expression en 1926. Ce magazine, comme tant d'autres aura la vie courte : il cesse de paraître, après douze numéros, en septembre 1941. *Science-Fiction Plus* que Gernsback crée en mars 1953 ne vivra pas plus longtemps et constitue une sorte de bouquet final du feu d'artifice science-fictionnel de l'infatigable « père de la sf » qui a déjà soixante-dix ans. Il est imprimé sur papier glacé illustré de vraies photos et de montages avec des dessins simulant des photos ! Il est probable que le coût de l'entreprise fut une cause de la vie très brève du magazine. Les sept numéros publiés sont intéressants et confirment la fidélité de Gernsback à ses ambitions et exigences initiales en même temps que les confusions où elles peuvent conduire. Un texte de Gernsback sur l'exploration de Mars se présente comme le récit documentaire d'une entreprise qui a *déjà eu lieu en 1950* grâce à la propulsion atomique. L'illusion de réalisme est soutenue par un ton de reportage et la présence d'illustrations qui mêlent dessins et photographies. Reproduisant le texte prononcé à l'occasion de la 10ᵉ Worldcon à Chicago (1952), l'éditorial du premier numéro est superlatif et justifie le « plus » (+) du titre de la revue : « The impact of science-fiction on world progress… ». Gernsback y accentue encore l'exigence scientifique pour marquer la différence entre sf et fantastique ; il souligne le nombre d'inventions nées dans l'imagination sf et qui n'auraient pas été réalisées sans cet apport… Ces exagérations ne vont pas sans passages authentiquement prospectifs : tel celui qui préfigure ce que l'on appelle aujourd'hui la « télémédecine » déjà été évoquée en 1925 dans *Science&Invention.*

> I described a fanciful device called 'The Radio Teledactyl'. In reality this was a teledoctor – a doctor who visits his patients via radio and television. In front of the doctor are two articulated levers which he can manipulate like hands. The patient would have a similar device in is house (or in the hospital). The teledactyl is watched by the doctor from his office by two-way television. It is operated by radio. Thus he can palpate the patient on any spot of his anatomy, take the patient's temperature, listen to his heartbeat, take his blood pressure, and so forth. The doctor, in short, now has acquired *distant hands.*

L'éditorial du n°2 porte sur « Pseudo science-fiction » et offre des illustrations de mauvaise sf : évoquer le bruit d'une explosion sur la Lune, par exemple. Il n'est pas acceptable d'entrer en contradiction avec des lois et des faits scientifiques avérés car cela revient à faillir à la « mission de la sf » qui doit informer et non désinformer. Suit une dénonciation du « modern science-charlatan » qui sciemment vend des machines et des procédés non scientifiques en les faisant passer pour scientifiques. Gernsback critique durement Ron Hubbard, auteur de sf et inventeur de la dianétique ainsi que de la « scientologie » dont Hubbard se déclara sur le champ « Docteur » ! Reconnaissons, au passage, la lucidité de Gernsback, qui fit défaut à Campbell à propos de cette même dianétique dont il fit la promotion dans *Astounding*. Si Campbell prit rapidement ses distances par rapport à cette tendance, il demeura fidèle à la croyance dans l'avenir scientifique des recherches en parapsychologie (télépathie, télékinésie, téléportation…) et continua de publier Alfred Van Vogt très engagé dans la scientologie.

Pour Gernsback tous ces amalgames entre sf et pseudo sciences ou pseudo religions affectent très négativement l'image de la sf en particulier dans le chef des scientifiques. L'éditorial « Science-Fiction Semantics » (vol. 1, n°5, août 1953) explique que les progrès technoscientifiques exigent la création de nouveaux mots. C'est *a fortiori* le cas de la sf qui anticipe. Ainsi parle-t-on à tort de « space-medicine », car la médecine est thérapeutique. Or, il s'agit, en l'occurrence, d'étudier et d'expérimenter dans des environnements non terrestres : mieux vaudrait dire « space-biology ». Plus généralement, le respect du savoir scientifique dans les sf implique qu'on reconnaisse que les mots faits pour la Terre n'ont pas le même sens ailleurs, et qu'il faudrait donc les remplacer : ainsi, « année » est à remplacer par « orbitemp » qui désigne la durée de révolution d'une planète quelconque autour de son étoile.

Hugo Gernsback, le « père de la sf » est une personnalité complexe : euro-américain, entrepreneur-écrivain, technoscientophile non universitaire, idéaliste inspiré autant que mercantile intéressé par la réussite et le profit, et en quête de reconnaissance autre que celle qu'apporte l'argent …

D'AUTRES NOMS
POUR LA SF AVANT ET APRÈS GERNSBACK

Une affaire ancienne qui n'est pas close

Aujourd'hui, au terme de quelques décennies d'hésitation et de compétition lexicales, « science(-) fiction » est devenu l'expression dominante. Ce succès ne doit aveugler ni sur l'existence d'une littérature de sf autrement nommée antérieure au néologisme gernsbackien ni sur la continuation des débats autour de ce qui mérite à proprement parler le nom de sf. Ainsi la réinterprétation de « sf » comme abrégeant « speculative fiction » qui vise une sf ouverte aux sciences humaines et attentives aux multiples conséquences sociales de l'introduction de nouvelles technologies et théories scientifiques, à l'opposé de la « technique ou technologie fiction » centrée sur les gadgets, inventions ou innovations avec des individus isolés comme héros.

H. G. Wells utilisait l'expression « scientific romance ». Mais celle-ci n'est pas exclusivement anglaise. Un ensemble de textes rassemblés sous l'appellation « roman scientifique » est attesté en France dès les décennies 1860 et 1870. Cet ensemble – de la plume de Flammarion, de Parville, Eyraud, Rengade, etc – est suffisamment important pour que l'on puisse parler d'un nouveau « genre », en partie inspiré de Jules Verne. De 1888 à 1905, Louis Figuier qui édite l'hebdomadaire *La Science Illustrée* y maintient une rubrique pour feuilleton sous le nom de « roman scientifique ». Mais le « genre » ne survécut pas à la première guerre mondiale et l'expression disparut assez rapidement. Peut-être subit-elle la concurrence du roman scientifique naturaliste de Zola et apparut-elle comme confuse ou ambiguë[1].

Maurice Renard et le « merveilleux-scientifique ».

En 1909 – soit exactement vingt ans avant l'introduction de « science-fiction » par Gernsback – Maurice Renard publie « Du roman merveilleux-scientifique et de son action sur l'intelligence du progrès »[2]. On y trouve l'essentiel des caractérisations et ambitions propres aux éditoriaux de Gernsback, avec des accents plus littéraires et plus spéculatifs. Le « merveilleux-scientifique » (notons le trait d'union) est un « genre nouveau », « produit d'une époque où la science prédomine sans que s'éteigne pourtant notre éternel besoin de fantaisie » (p. 1205). Il exprime « l'aventure d'une science poussée jusqu'à la merveille ou d'une merveille envisagée scientifiquement » (p. 1207). Le « sense of wonder » sur lequel Gernsback et le fandom des années 1920-1950 insisteront est ce sens du merveilleux épinglé par Renard. Renard souligne les vertus pédagogiques du merveilleux-scientifique, ses « tendances instructives et moralisatrices avec ses effets éducateurs médiats et immédiats » (p. 1207). Il prend Wells et Poe comme modèles et marginalise Jules Verne qu'il juge timoré. Verne se contente de l'anticipation technique extrapolant prudemment à partir de ce qui est sur le point d'exister, alors que Wells ose « lancer la

1. Voir B. Stableford, « The French Origin of the SF Genre », *The New York Review of SF*, février 2012.
2. Repris dans M. Renard, *Romans et contes fantastiques*, Paris, Laffont, 1990.

science en plein inconnu ». C'est toute la différence entre l'anticipation prudente du sous-marin et la « Time Machine » (p. 1208)[1]. Entre la sf de Gernsback et le merveilleux-scientifique de Renard existe une différence analogue. En dépit de son nom, la « science-fiction » gernsbackienne a été surtout « *technique* fiction ». Renard, lui, fait porter l'accent sur la *science* et il critique la technophilie utilitariste progressiste grossière qui répond aux besoins et aux désirs sans susciter de questions. Il définit le merveilleux-scientifique dans le prolongement de l'interrogation et de l'imagination scientifiques, théoriques et spéculatives, non par les inventions techniques projetées à partir des connaissances établies et des sciences existantes. Le merveilleux-scientifique se nourrit des limites de la science en les transgressant sur l'un ou l'autre point. Il concerne non les choses que nous savons mais celles « que nous ignorons, celles dont nous doutons », là où la science soulève de nouvelles questions et redécouvre les questions éternelles. Il ne concerne pas la science faite, car « elle est la grande tueuse de miracles » (p. 1207). Il pousse au-delà dans une « métaphysique de cette science » qui suscite un « étonnement méditatif » et nous fait voir les choses sous un nouvel angle (p. 1210).

---

1. Plus tard, dans « Que devons-nous à Jules Verne ? » (1928), il se fera plus indulgent : Verne est « un instituteur de génie » qui apporte du savoir et surtout « l'envie de savoir davantage, le goût de l'aventure et du risque ». Il a « contribué puissamment mais indirectement aux progrès de la science » et, « agissant sur le jeune âge », il a suscité « au profit de la science d'héroïques vocations », (*ibid.*, p. 1230).

Renard insiste cependant beaucoup sur le caractère rationnel du merveilleux-scientifique : les développements doivent être cohérents et ne pas contredire le savoir avéré, mais il est indispensable d'introduire parmi les postulats un « sophisme », un élément important que la science ne corrobore pas et qui donne à penser : par exemple, une loi nouvelle de la nature, avec tout ce qui en découle. La « merveille » (au sens d'une chose étonnante : par exemple, des expériences de mesmérisme ou des greffes d'organes entre espèces) doit être décrite, approchée « scientifiquement ». Le merveilleux-scientifique exploite « l'inconnu ou l'incertain », mais il l'approche suivant « les méthodes de l'investigation scientifique », avec cette différence que l'on introduit dans la chaîne des propositions « un ou plusieurs éléments vicieux » qui détermine l'apparition de l'élément merveilleux. Renard insiste sur la parcimonie : l'essentiel doit rester scientifique et logique : « un roman merveilleux- scientifique s'appuie toujours sur un sophisme ; et, la plupart du temps, il suffit d'un seul sophisme » (p. 1209).

Respectueux de la science, mais non subordonné à elle, soucieux de cohérence logique autant que fasciné par l'inconnu et les questions auxquelles la science ne répond pas, le merveilleux-scientifique fait penser à la philosophie, à plus d'une reprise, évoquée par Renard : c'est « le mode de la littérature contemporaine qui confine le plus à la philosophie – qui est de la philosophie mise en scène » (1207). La relation de ce nouveau genre littéraire spéculatif aux avancées de la science empiriste et expérimentale entraîne sa relativité : ce qui nous apparaît merveilleux aujourd'hui sera peut-être banal ou dépassé demain (p. 1208).

Le « merveilleux-scientifique » au-delà de l'utilitarisme progressiste

« Du roman merveilleux-scientifique et de son action sur l'intelligence du progrès » comporte deux parties. La première définit le merveilleux-scientifique. La seconde brosse l'arrière-plan philosophique qui inspire Renard et dont la hauteur de vue mérite d'être soulignée. Il explicite la distance qu'il y a entre la « technique-fiction » et la « science-fiction » à travers une critique de l'idée de progrès essentielle pour Gernsback et la sf antérieure à la seconde guerre mondiale. Le merveilleux-scientifique change notre vision du progrès et en particulier du progrès technoscientifique. Il nous fait passer d'une vue du progrès comme accroissant simplement notre confort et notre puissance – réduisant la science au statut d'auxiliaire – à une vision qui interroge ce progrès ainsi que la science, ses buts et ses avancées. Il pousse l'entreprise scientifique et technique bien au-delà de la simple amélioration de la condition humaine, et, s'agissant de la médecine, d'une finalité exclusivement thérapeutique. Certes, « le héros, l'homme presque divin, le continuateur du Dieu de la Genèse, c'est l'ingénieur qui met à notre corps des sortes de rallonges (…) » accroissant nos sens et nos muscles : Renard parle d'« orthopédie renforçatrice » et de « prothèse amélioratrice » (p. 1211). Mais « le comble du progrès » est à chercher davantage du côté des aéroplanes, car ils ne renforcent pas simplement des capacités naturelles à notre espèce (animale), ils nous lancent dans l'élément d'autres espèces, nous font changer de forme de vie – « nos bras sachant devenir des nageoires et non pas des ailes » (p. 1211 *sq.*). Et de souligner des découvertes moins spectaculaires – les rayons X, le radium… – dont l'utilité immédiate n'apparaît pas, mais qui étendent « le savoir spéculatif », car elles nous révèlent l'existence d'autres aspects du monde à l'infini. Cette vue spéculative et non plus simplement utilitariste du progrès nous invite à rompre avec l'anthropocentrisme progressiste superficiel. Elle suggère que l'exploration de « l'inconnu et du douteux » est ambivalente : « tout ce qui peut nous venir de désagréable ou d'horrible du fond de l'inexpliqué » ou d'inventions potentielles avec « toutes les conséquences *à côté*, toutes les suites imprévues et possibles de ces mêmes inventions, et aussi toutes les sciences nouvelles qui peuvent surgir pour étudier des phénomènes jusqu'alors insoupçonnés, *et qui peuvent nous créer de nouveaux besoins* (…) ». « Il (le merveilleux-scientifique) nous montre notre petit train de vie bouleversé par les cataclysmes les plus naturels et cependant les plus inopinés. Il nous révèle, dans une clarté neuve et saisissante, l'instabilité des contingences, la menace imminente du possible. (….) Il nous découvre l'espace incommensurable à explorer en dehors de notre bien-être immédiat ; il dégage sans pitié de l'idée de science toute arrière-pensée d'usage domestique et tout sentiment d'anthropocentrisme. Il brise notre habitude et nous transporte sur d'autres points de vue, hors de nous-mêmes » (p. 1212-1213).

Ces propos de Maurice Renard laissent entendre que le merveilleux-scientifique n'est pas une littérature facile en distinguant implicitement trois imaginaires : traditionnel, progressiste-utopiste et spéculatif aux limites. *L'imaginaire réaliste traditionnel* est celui qui tient tout entier au sein de la nature humaine telle qu'elle est. On n'y vise rien de plus que l'évitement et la réparation des maux et accidents liés à la condition humaine. Prévenir, guérir, pallier, endurer sont les mots d'ordre de cette philosophie en accord avec la médecine thérapeutique traditionnelle. C'est aussi le domaine de la littérature traditionnelle faite de variations sur la condition humaine immuable. Cet imaginaire est solidaire de l'humanisme traditionnel. *L'imaginaire progressiste et utopiste* : la visée est l'amélioration de la condition humaine en développant ou renforçant des caractéristiques et des capacités choisies de l'individu ou de l'espèce. Cet imaginaire s'enracine dans l'idée d'une perfectibilité de l'homme qui s'exprime notamment dans la médecine d'amélioration. Cet imaginaire inspire un transhumanisme prudent.

Enfin, le troisième imaginaire relativise cette idée de progrès en même temps que la visée utopiste en montrant leurs limites. Progrès et utopie ne permettent pas de sortir des contraintes biophysiques d'une forme de vie donnée. L'amélioration, la perfectibilité de l'homme rencontrent des limites ; la visée utopiste conduit à un état final, parfait du point de vue d'une forme de vie déterminée. La visée du progrès et de l'utopie n'ouvre pas sur l'infini. *L'imaginaire spéculatif va aux limites afin de les transgresser* vers des transformations et des altérités radicales, aussi périlleuses que fascinantes. C'est cet imaginaire qu'exprime le merveilleux-scientifique authentique au-delà de tout utilitarisme progressiste anthropomorphocentrique. Il est trans/posthumaniste.

Gernsback était fort soucieux de distinguer la sf du fantastique. Dans les années 1920, Renard abandonne l'appellation « merveilleux-scientifique » au profit de celle de littérature « parascientifique » moins prompte, semble-t-il croire, à susciter la confusion avec la littérature fantastique et de « simples fantaisies ». Cette confusion et le préjugé opposant science et imagination expliqueraient le manque d'intérêt persistant du public pour le nouveau genre littéraire au profit du « roman psychologique ». Renard s'en prend à l'impérialisme de celui-ci qui alimente le narcissisme du lecteur : le roman psychologique n'est qu'un miroir toujours représenté de l'humanité à elle-même[1].

Quelques années plus tard encore, Renard parlera de « roman d'hypothèse »[2]. Cette évolution terminologique ne modifie pas sa définition du genre donnée dans le texte de 1909.

---

1. Voir « Depuis Sinbad », dans M. Renard, *Romans et contes fantastiques*, *op. cit.*, p. 1213-1216. Ce texte date de 1923.

2. « Le roman d'hypothèse », *ibid.* p. 1216-1219. Texte daté de 1928.

Chapitre II

HISTOIRE ET PRÉHISTOIRE

Quand la sf débute-t-elle ?

Les discussions autour du début de la sf sont presque aussi animées que celles relatives à sa définition. Les deux questions sont liées et le débat n'est pas exempt d'enjeux idéologiques, notamment nationaux (Gernsback est américain, Verne français, Wells et Shelley anglais). Deux conceptions dominent : l'une fait débuter la sf avec Hugo Gernsback ; l'autre avec Mary Shelley.

La sf commence avec Hugo Gernsback

Selon l'Américain Gary Westfahl, « une histoire véritable de la science-fiction comme un genre doit commencer en 1926, à l'époque où Hugo Gernsback a défini la science-fiction »[1]. Avec Gernsback, la sf trouve le nom qui finira par s'imposer, une définition et même une théorie, une conscience de soi critique, une identité de genre littéraire séparé, des auteurs professionnels et

---

1. Voir G. Westfahl, *The Mechanics if Wonder. The Creation of the Idea of Science Fiction*, Liverpool University Press, 1998, p. 8 ; *Hugo Gernsback and the Century of Science Fiction*, Jefferson, McFarland & Company, 2007.

un lectorat fidèle (le fandom). Barry Malzberg nuance cette reconnaissance[1]. On reproche souvent, observe-t-il, à Gernsback d'avoir ghettoïsé la sf en la nommant, en lui réservant des magazines exclusifs, en favorisant la constitution d'une communauté sf, alors qu'auparavant la sf n'était pas distincte de la littérature générale, les auteurs passant de l'une à l'autre à l'occasion. L'action de Gernsback a rendu possible la constitution d'un genre d'autant plus significatif que « SF builds on SF ». La génération Campbell construit déjà – lit et écrit – sur la base de la sf antérieure débutante. Aussi est-il rapidement devenu difficile d'écrire – voire de lire aisément – de la sf sans disposer d'une expérience et d'une culture sf préalables. Malzberg souligne le revers de la communautarisation – quelquefois désignée comme une « ghettoïsation » – issue de l'action gernsbackienne dont la sf post-gernsbackienne ne s'est jamais libérée. La sf de Wells ou de Verne n'était pas jugée comme une sous-littérature, observe James Gunn[2], en rappelant l'admiration que Henry James et Joseph Conrad avaient exprimée à l'égard de Wells. C'est l'émergence au xxe siècle du concept de « mainstream literature » et la création des magazines de sf qui ont fini par placer la sf dans une sorte de ghetto. Celui-ci n'était cependant pas ressenti comme tel dans les années 1920-1940. Au contraire, la sf fut vécue comme une « mission »

1. B. Malzberg, *Breakfast in the Ruins. Science Fiction in the Last Millenium*, Riverdale (NY), Baen, 2007, p. 23-25.
2. J. Gunn, « Science Fiction and the Mainstream », *in* R. Bretnor (ed.), *Science Fiction Today and Tomorrow*, Londres, Penguin Books, 1974, p. 188 *sq.*

promouvant les sciences et les techniques, et, du même coup, le progrès de l'humanité. Critiques et historiens ne se sont pas privés de dénoncer cette conscience comme (auto)mystificatrice, masquant des visées avant tout commerciales dans le chef de Gernsback. Elle compensait la médiocrité littéraire des textes que celui-ci publiait. Gernsback et son action méritent mieux que des simplifications unilatérales qui encensent ou diabolisent. Son apport au « phénomène sf » – qui n'est pas seulement littéraire – est très important, pour les raisons détaillées par Westfahl. Mais le monopole historique attribué à Gernsback est injustifié. Beaucoup d'idées et de vertus de la sf sont déjà exprimées par Renard dont la conscience critique d'un nouveau genre de littérature mais ne se réduisant pas à la seule ambition littéraire est indéniable. Toutefois, le « merveilleux-scientifique » français n'eut pas plus d'avenir que le « scientific romance » britannique. C'est de ce double échec que Westfahl croit pouvoir tirer l'argument principal à l'appui de sa thèse contre ceux qui font valoir que l'idée de sf autant que des œuvres de qualité relevant de cette idée étaient courantes en Europe au tournant du XXe siècle. Seul Gernsback, écrit-il, rendit possible de « croire dans la sf ; et cette croyance, plus que la qualité littéraire de ses productions initiales, donna la force à son idée d'un nouveau genre de croître et de durer », et d'être réimportée en Europe à partir des années 1950[1]. Avec « Gernsback's word "science fiction" crept into public discourse ; and sporadic outbursts of

---

1. G. Westfahl, *The Mechanics if Wonder, op. cit.*, p. 27.

commentary on science fiction were supplanted by a true, continuing conversation »[1].

La sf commence avec Mary Shelley

Dans son imposante histoire de la sf – *Trillion Year Spree. The History of Science Fiction*[2] – l'auteur et critique anglais de sf bien connu Brian W. Aldiss fait débuter la sf en 1818 avec la publication par Mary Shelley de *Frankenstein, or the Modern Prometheus*. Mary Godwin, née en 1797, est la fille de William Godwin, écrivain, libre penseur rationaliste aux tendances utopistes et anarchistes, et de Mary Wollstonecraft, romancière et essayiste engagée en faveur des droits de l'homme et de la femme, qui meurt en donnant naissance à sa fille Mary. En 1814, celle-ci rencontre le poète Percy Bysssche Shelley qui devient son mari. *Frankenstein* est conçu lors d'un séjour près de Genève en 1816 en compagnie de Percy, du docteur Polidori et de Lord Byron. Mary achève son roman l'année suivante et le publie en 1818 avec une Préface rédigée par son mari. Aldiss place l'origine de la sf dans une transformation du roman gothique du XVIIIe siècle opérée par *Frankenstein*. Le roman gothique suscite l'horreur, l'angoisse et la répulsion ou encore la jouissance sadique, à travers des histoires qui mettent en scènes des entités surnaturelles : spectres, fantômes, revenants... Ces

1. G. Westfahl, *Hugo Gernsback and the Century of Science Fiction*, *op. cit.*, p. 20.

2. B. Aldiss, D. Wingrove, *Trillion Year Spree. The History of Science Fiction*, House of Stratus, nouvelle édition, Londres, 2000. Ce livre reprend et amplifie *Billion Year Spree* qui date de 1973.

histoires sont remplies de violences et de transgressions de la morale religieuse, et elles se déroulent dans un contexte retiré et ténébreux, évoquant le Moyen Âge, au sein d'une nature sombre et tourmentée. Mary Shelley entend produire sur les lecteurs des effets analogues, mais sans faire appel aux croyances en un monde surnaturel. Elle entend exploiter les rêves et les cauchemars naissant des sciences naturelles et des techniques[1]. Cette réorientation de l'imagination est rendue possible et nécessaire du fait de la révolution scientifique et industrielle, plus avancée en Grande-Bretagne qu'ailleurs en Europe. L'importance de la révolution scientifique et industrielle pour la naissance de la sf est très largement reconnue. Ainsi, Bradford Lyau définit la sf comme le « produit littéraire du climat intellectuel engendré par la révolution scientifique du XVIIe siècle, promu par les Lumières du XVIIIe et poussé par la révolution industrielle de la fin du XVIIIe et du début du XIXe siècles. »[2]. Norman Spinrad exprime la même idée avec plus de précision : la sf a permis au merveilleux de réapparaître après la fin de la croyance à la réalité du surnaturel. Elle est « a literary technique

1. Voir la Préface à *Frankenstein*. Que celle-ci soit de la plume de son mari, Percy, auteur aussi du poème *Prometheus Unbound* (1814), ne diminue en rien la révolution que le roman de Mary Shelley accomplit. Le docteur Frankenstein lui-même explique comment il est passé de la vaine fascination pour l'alchimie, l'occultisme, etc., aux démarches scientifiques qui permettent la réalisation des rêves anciens.

2. B. Lyau, « A definition of sf », *in* G. Slusser, J.-P. Barricelli (eds), *Genre at the Crossroads*, Riverside CA, Xenos Books, 2003, p. 54.

for re-creating the lost innocence of fantasy, for resurrecting the reader's true belief in the tale of wonder, in the possibility of the fantastic, in the notion that this universe and the universe of the marvelous may be one and the same. Through science fiction, via science and technology and not despite them, magic of a kind re-entered the mechanistic Victorian world, a magic that did *not* require the reader's willing suspension of disbelief. » Et de renvoyer à *Frankenstein*[1]. Dans son introduction à la traduction française de *Frankenstein*[2], Francis Lacassin souligne la différence entre la création technoscientifique expérimentale de la créature de Frankenstein et les expédients traditionnels qui font appel à un pacte avec le diable (*Faust*) ou à une animation magique induite par une formule, un mot kabbalistique (le Golem).

La thèse d'Aldiss a reçu un accueil largement favorable par la critique[3] qui apprécie la reconnaissance d'une histoire de la sf antérieure à Gernsback et le lien entre la sf et la révolution industrielle. Mais il n'est pas le premier à noter l'importance de *Frankenstein*. Dès 1947, James Osler Bailey, dans *Pilgrims through Space and Time. Trends and Patterns in Scientific and Utopian*

---

1. N. Spinrad, *Science Fiction in the Real World*, Carbondale, Southern Illinois University Press, 1990, p. 47.

2. Par Germain d'Hangest, *Frankenstein*, Paris, GF-Flammarion, 1979.

3. P. K. Alkon, *Science Fiction Before 1900 : Imagination Discovers Technology*, New York, Twayne, 1994 ; ou, dans un contexte très différent, H. M. Zaki, *Phoenix Renewed : the Survival and Mutation in Utopian Thought in North America*, San Bernardino, CA, Borgo, 1993.

Fiction[1] – l'essai universitaire pionnier de la critique littéraire et historique de la sf – souligne la fusion du gothique et de la science opérée par Shelley.

D'autres sont plus réservés quant à l'importance de *Frankenstein* pour la sf. Lester del Rey estime que ce roman est « really little more than a reworking of the ancient tales of the Golem – a creature raised from dirt or slime by cabalistic use of the Name of God (…) »[2]. Adam Roberts défend aussi la thèse de la matrice religieuse de la sf où l'opposition entre protestantisme et catholicisme joue un rôle déterminant. Mais enraciner la sf dans le gothique est inapproprié car cette conception ignore trop la dimension « irrationnelle et magique dans un sens pseudo-catholique » du gothique qui est contraire à l'esprit de la sf. Pour Roberts, la sf ne commence pas avec le gothique ni n'en naît. Le roman gothique anglais aurait plutôt freiné la sf anglaise tandis que le genre du roman scientifique fleurissait en France[3]. La *réduction* de l'imaginaire sf à des imaginaires religieux, magiques ou mythiques est abusive. D'un point de vue philosophique, l'imaginaire sf est matérialiste et technicien ; il ne peut être réduit aux imaginaires spiritualistes et symbolistes.

Hugo Gernsback et Mary Shelley sont des acteurs décisifs du vaste mouvement de production fictionnelle

1. J. Osler Bailey, *Pilgrims through Space and Time. Trends and Patterns in Scientific and Utopian Fiction*, New York, Argus Book, 1947.

2. L. Del Rey, *The World of Science Fiction : 1926-1976. The History of a Subculture*, Ballantine, 1979, p. 15

3. A. Roberts, *The History of Science Fiction*, Londres, Palgrave Macmillan, 2007, p. 83.

par lequel l'imagination occidentale s'empare des progrès des sciences et des techniques. Mais l'histoire de l'imaginaire des sciences et des techniques se projette bien en amont de Shelley et bien en aval de Gernsback. Ceux-ci sont ou ne sont pas l'origine de la sf selon les critères et le corpus que l'on retient et la perspective à partir de laquelle on interroge le phénomène sf. L'approche peut être celle du critique littéraire cherchant à repérer l'apparition d'un nouveau « genre » et attentif aux signes formels d'une telle naissance dont la constitution d'un lectorat et d'un groupe d'auteurs se reconnaissant sous un nom générique. Elle peut être celle de l'historien ou du philosophe des cultures – des idées, des croyances, des imaginaires – plus soucieux des contenus, des configurations et évolutions du sens que les fictions expriment. Par « sens », nous entendons les réponses aux questions philosophiques, qui sont données, présupposées ou suggérées par les fictions. "Science Fiction helped to create metaphors to express the hopes and fears of the Machine Age, the Nuclear Age, the Space Age, and now the Information Age", observe Scott Bukatman[1]. A cet égard, il n'y a pas plus opposées que la technoscientophobie exprimée par *Frankenstein* et la technoscientophilie des éditoriaux et fictions de Gernsback. L'un et l'autre placent la technoscience au cœur des problèmes – craintes et espérances – auxquelles les fictions donnent corps, et

---

1. S. Bukatman, *Terminal Identity : The Virtual Subject in Postmodern Science Fiction*, Durham NC, Duke University Press, 1992, p. XII.

de ce point de vue, Mary Shelley est très importante. Mais elle n'est pas la première.

PRÉHISTOIRE ET LETTRES DE NOBLESSE

Certains n'hésitent pas à remonter aux sources les plus archaïques de l'imaginaire mythologique : l'épopée assyro-babylonienne de Gilgamesh qui date du deuxième millénaire av. J.-C. Et de justifier cette allégation en observant que la notion de science est vague, qu'elle peut désigner le savoir moderne ou la connaissance en général, y compris traditionnelle et très ancienne. Gilgamesh anticipe « the superman hero, the trip beyond the world reality and the possibility of immortality through drugs », écrit Lester Del Rey, en insistant sur la matérialité de cette drogue (une plante)[1]. Mais l'épopée de Gilgamesh ne manque pas de composantes surnaturelles. Si celles-ci ne sont pas pertinentes pour refuser qu'un texte ne soit qualifié comme sf, il devient possible de traiter de sf d'innombrables récits associés à la magie, au chamanisme et même aux religions sous prétexte qu'il y est question d'un savoir et d'objets matériels, naturels ou fabriqués, afin d'obtenir des effets merveilleux. Campbell parlait de la science comme de la « magic that works » et Clarke affirmait qu'une technologie suffisamment avancée apparaissait comme de la magie. Mais c'étaient des métaphores qui soulignaient implicitement la différence entre « magique » et « technoscientifique ».

1. L. Del Rey, *The World of Science Fiction : 1926-1976, op. cit.*, p. 12-13.

Ancienneté des thèmes :
   mondes et formes de vie extraterrestres

L'atomisme ancien – de Démocrite (5e siècle av. J.-C.)
à Lucrèce (1er siècle av. J.-C.) – est généralement désigné
comme la matrice première du débat relatif à l'existence
d'une vie et d'une intelligence ET[1]. Le matérialisme
atomiste conçoit, dans le vide infini, l'existence d'une
multiplicité de mondes – à la fois semblables et différents
du nôtre – qui se font et se défont au gré des combinaisons
et séparations des atomes. Ces mondes peuvent être
habités par des êtres intelligents. La thématique sera
marginalisée dès le 4e siècle av. J.-C. par l'idéalisme
platonicien et l'idéalisme plus modéré d'Aristote. Celui-ci
ne reconnaît qu'un monde : la Terre se trouve au centre ;
et autour d'elle, portés par des sphères concentriques,
tournent la lune, le soleil et les planètes. Sur la sphère
ultime – la voûte céleste – sont fixées les étoiles. L'univers
est clos et non homogène. Sur Terre – c'est-à-dire dans
l'espace sublunaire : sous la sphère de la lune – existent
des corps naturels et règnent des lois physiques qui ne

1. D. Steven, *Plurality of Worlds. The Origins of the Extraterrestrial
Life Debate from Democritus to Kant*, Cambridge, Cambridge
University Press, 1982. Voir également M. Brake, M. Griffiths,
« SETI, British SF and the ET Meme », *Foundation*, n°85, été 2002.
Karl S. Guthke, *The Last Frontier. Imagining Other Worlds, from
the Copernican Revolution to Modern Science Fiction*, Cornell
University Press, 1990, (traduction d'un ouvrage allemand de 1983,
Der Mythos der Neuzeit). Indépendamment de toute référence à la
sf, *La philosophie au risque de l'intelligence extraterrestre* (Paris,
Vrin, 2016) de Th. Gress et P. Mirault montre que de nombreux
philosophes – des présocratiques à Husserl – ont envisagé et discuté
de la question d'une vie intelligente ET.

se retrouvent pas au plan des sphères et des corps célestes. Ceux-ci sont composés d'une substance radicalement différente des matières terrestres ; ils ne connaissent que l'immobilité ou le mouvement circulaire éternels et parfaits. Seuls des êtres surnaturels peuvent les habiter. Il n'est pas simplement impossible de s'y rendre par défaut de moyens. Il est *inimaginable* de prétendre s'y rendre à l'aide de quelque appareil terrestre, car aucune technique physique ne peut y pénétrer et y fonctionner. Les « cieux » ne sont pas l'espace. En assimilant l'idéalisme néo-platonicien (Saint Augustin à partir du 5e siècle PC), puis l'aristotélisme (Saint Thomas à partir du xIIIe siècle), l'Église chrétienne réprimera pendant plus de mille ans comme hérétiques les idées matérialistes sur la pluralité des mondes disséminés à travers un univers vaste, voire infini, non géocentré et accueillant une diversité de formes de vie. Ces idées sont jugées incompatibles avec les dogmes de l'unicité de la Création, de l'élection universelle de l'homme parmi les créatures, de l'unicité de la passion du Christ ainsi que de celle de son retour à la fin des temps. Il faut attendre la révolution copernicienne (*De Revolutionibus Orbium Coelestium*, 1543) pour que l'espace recommence à s'ouvrir. Mais ce sera lent et difficile au fil des xvIe, xvIIe et xvIIIe siècles. En 1600, Giordano Bruno est brûlé vif à Rome, condamné par l'Inquisition pour n'avoir pas voulu renier les idées de son livre de 1584, *De l'infinito universo e Mondi* (*De l'univers infini et des mondes*). Ce n'est qu'après Darwin (*The Origin of Species*, 1859) que le réveil du thème ET prendra vigueur. En 1862, Flammarion publie *La pluralité des mondes habités* expliquant l'origine de la vie par une évolution spontanée et non plus par la création divine. Dans *The History of Science Fiction*, Adam Roberts[1] accorde à Bruno une place charnière, car celui-ci meurt moins pour la science que pour la « free imaginative speculation » (p. 36). Roberts défend la thèse que la sf n'a pu se développer d'abord dans les pays catholiques en raison de leur opposition au matérialisme et à l'empirisme. C'est sous l'impulsion du protestantisme et du glissement de la recherche scientifique vers les pays non catholiques que la sf a pu se développer. Elle « becomes increasingly a function of western Protestant culture (…) as an imaginatively expansive and (crucially) *materialist* mode of literature, as opposed to the magical-fantastic, fundamentally religious mode that comes to be known as Fantasy » (p. x). Sa thèse – intéressante jusqu'au point où elle devient trop simplificatrice et réductrice – place d'un côté le catholicisme, conservateur mais accueillant le merveilleux et le fantastique ; de l'autre, le protestantisme ouvert à l'imagination spéculative matérialiste, empiriste, libre.

Le thème de la vie ET est devenu au xxe siècle une science ayant pignon sur rue : l'exobiologie, dont l'objet réel demeure spéculatif. L'exobiologie doit se contenter d'étudier les conditions empiriques de possibilité de son objet. Elle développe les techniques de repérage de ces conditions (eau, atmosphère, masse, éloignement de l'étoile, etc) en quête de traces et de signes potentiels d'existence de son objet.

L'histoire ou la préhistoire de la thématique sfictionnelle engagent immédiatement des questions de définition et de valeurs. Si l'on ne fait aucune différence

---

1. A. Roberts, *The History of Science Fiction, op. cit.*

décisive entre fantastique ou merveilleux surnaturel et sf, il est facile de découvrir dans les récits mythologiques et religieux un grand nombre de préfigurations de la sf. Cette facilité finit par enlever à la sf tout intérêt propre et efface les enjeux religieux et philosophiques profonds qu'elle comporte implicitement. Le repérage historique doit s'imposer un minimum de contraintes définitoires qui correspondent à ce que nous appellerons déjà la « philosophie implicite de la sf », à savoir le *matérialisme* – terme vague et plurivoque, mais suffisant pour l'instant.

Des ancêtres honorables

Ordinairement placée aux origines de l'utopie, *La République* de Platon (4ᵉ siècle av. J.-C.) n'est pas de la sf car la science et les techniques matérielles n'y jouent aucun rôle. La science n'y est reconnue que comme « science des idées », aux antipodes de la science expérimentale et des savoirs empiriques artisanaux ou techniques. L'imaginaire qui porte la République en tant que société idéale tient tout entier dans la perfectibilité morale des individus et des institutions politiques que la justice doit inspirer.

Le mythe de l'Atlantide que Platon esquisse dans le *Timée* et développe dans le *Critias* confirme cette philosophie éthique et politique, bien qu'il comporte des éléments sfictionnels. Ainsi, les Atlantes ont réalisé de gigantesques travaux d'ingénierie – canaux, palais, ponts, murailles… – en utilisant des matières connues et inconnues (l'orichalque) et leur île étonne par l'abondance et la diversité de ses richesses naturelles et artificielles. Mais la grandeur et la puissance de

l'Atlantide n'ont été assurées qu'aussi longtemps que
son peuple et ses dirigeants sont restés mesurés et justes.
C'est pourquoi leur île a été engloutie par les dieux au
bénéfice des anciens Athéniens, peuple vertueux qui fut
capable de leur résister.

Lorsque, au fil du récit de la création du monde à
partir des formes géométriques et des éléments primitifs,
Timée s'interroge sur une éventuelle pluralité des
mondes, il répond que « selon toute vraisemblance, il
n'y a qu'un seul monde ».

*Lucien de Samosate et les premiers voyages
imaginaires dans l'espace.* L'honorable ancêtre parmi
les plus anciens le plus souvent cité est Lucien de
Samosate (2e siècle PC) auteur des *Histoires vraies*,
titre ironique. Une tempête violente soulève le navire
du narrateur jusqu'à la grande île de la lune, exclusivement
peuplées d'hommes qui se reproduisent soit en portant
l'embryon dans le gras de la jambe soit comme des
végétaux en plantant dans le sol un testicule qui fait
pousser un arbre à embryons. Le narrateur est pris dans
une guerre entre les armées de la lune dirigées par le
roi Endymion et celles du soleil où règne Phaéton. Ils
ont chacun leurs alliés venus d'astres plus lointains.
Pierre Versins parle à ce propos du premier « Space
Opera »[1]. Notant que les Sélénites remplacent leurs
testicules par des substituts en bois ou en ivoire selon
leur richesse, Aldiss considère que Lucien « n'est pas
seulement l'auteur de la première fiction interplanétaire,

---

1. P. Versins, *Encyclopédie de l'utopie, des voyages extraordinaires
et de la science-fiction*, L'Âge d'Homme, Lausanne, 1972, p. 554.

mais aussi le premier à décrire des organes prothétiques et des cyborgs. »[1]. L'intention des textes de Lucien est satirique, parodique et comique. Il se moque des historiens (menteurs), des philosophes (disputateurs) et de tout ce qui vaut comme sens commun. Il emprunte à l'imaginaire mythologique et littéraire de son époque et du passé (Homère est omniprésent). Suivant les traits qu'ils privilégient et leur propre conception de ce que doit être la sf, critiques et historiens reconnaissent ou non Lucien parmi les ancêtres de la sf. Versins y voit un auteur important pour l'histoire de la conjecture dont relève la sf. Dans son *New Maps of Hell* (1960), Kingsley Amis mentionne Lucien auteur du « premier récit d'un voyage interplanétaire » mais accumulant trop d'« extravagances dans le but d'obtenir un effet comique » pour être reçu comme sf[2].

Le conférencier sophiste itinérant et grand voyageur que fut Lucien ne se prive pas de souligner dès le début des *Histoires vraies* qu'il est un maître de *l'intertextualité* et que c'est dans un univers tissé d'allusions littéraires que le lecteur est invité à voyager. Lucien lui lance même le défi de s'y repérer : « Chaque détail du récit est une allusion (non dépourvue d'intention comique) à certains poètes, historiens, philosophes d'antan, dont les ouvrages contiennent beaucoup de prodiges et de

---

1. B. Aldiss, D. Wingrove, *Trillion Year Spree, op. cit.*, p. 69.
2. En traduction française, *L'univers de la science-fiction*, Paris, Petite Bibliothèque Payot, 1962, p. 29. Bailey mentionne Lucien comme un précurseur de thèmes sfictionnels (J. Osler Bailey, *Pilgrims through Space and Time, op.cit.* p. 16).

fables ; je les citerais bien par leur nom si tu ne devais
les identifier toi-même à la lecture. »[1].

*Francis Bacon et l'utopie centrée autour des sciences
et des techniques. La Nouvelle Atlantide* (*New Atlantis*,
1627) de Francis Bacon est un des textes les plus
significatifs pour la philosophie implicite de la sf. Il
relève de la tradition des voyages extraordinaires, de
l'utopisme et, au moins indirectement, de la satire sociale,
toutes sources partielles de la littérature sf. Mais il est,
par priorité, centré autour de l'importance, de la
méthodologie, de l'organisation, des découvertes et
inventions à venir de la nouvelle science moderne,
empirique et expérimentale, dont Bacon est, avec
Descartes, l'un des philosophes fondateurs. Bacon hisse
le savant au rang de héros, car l'ambition du chercheur
en sciences est la plus élevée : il « travaille à restaurer
et à accroître la puissance et l'empire du genre humain
lui-même sur l'univers », alors que le politique ne vise
au mieux que l'accroissement de la puissance de sa
patrie et que les hommes les plus communs ne « sont
avides que d'accroître leur propre puissance au sein de
leur pays » écrit-il dans son *Novum Organum* (1620)[2],
ouvrage philosophique antérieur à *New Atlantis*. Jusqu'au
milieu de XXᵉ siècle, le savant ou l'ingénieur – homme

---

1. Lucien, *Voyages extraordinaires*, Paris, Les Belles Lettres,
2009 (édition bilingue, traduction par J. Bompaire), p. 39. Dans
l'Introduction, Anne-Marie Ozanam caractérise l'œuvre de Lucien
par « le refus du réalisme, un univers fantastique, une géographie
littéraire et un voyage dans les livres. »
2. Nous citons la traduction de *Novum Organum* par M. Malherbe
et J.-M. Pousseur, Paris, P.U.F., 2010, p. 181.

universel – a souvent incarné à lui seul l'humanité ou l'espèce humaine en marche vers le progrès. « Novum organum » signifie « nouvel instrument » ou « nouvelle méthode », celle de la science moderne. A la différence de la science ancienne et médiévale d'inspiration aristotélicienne, livresque et impuissante, la science moderne dégage expérimentalement les causes effectives agissant dans la nature et entraînant régulièrement leurs effets. Connaître les causes permet à l'homme non seulement de prédire, mais encore d'intervenir dans les processus naturels : en agissant sur les causes, l'homme peut produire, empêcher ou modifier des effets. De là, l'équation que Bacon établit entre savoir et pouvoir (pouvoir faire, produire, contrôler, manipuler...), base d'une science technicienne qui deviendra la technoscience contemporaine. Cette science technicienne est au cœur de la sf. Elle est aussi la source de l'optimisme progressiste et technophile de Bacon, le premier, probablement, à formuler ce que l'on appellera au XXᵉ siècle « l'impératif technicien » : « Il faut faire tout ce qu'il est possible de faire ». La visée du gouvernement scientifique de la Nouvelle Atlantide – la « Maison de Salomon » – est de « reculer les bornes de l'Empire Humain en vue de réaliser toutes les choses possibles »[1]. Bacon présente la recherche scientifique comme une entreprise collective bien organisée. Cette conception influença la constitution de la première académie des sciences à Londres en 1662 : la « Royal Society » (« for improving natural knowledge »), dont la Maison de Salomon est une

---

1. Nous citons la traduction de *La Nouvelle Atlantide* par M. Le Dœuff, M. Llasera, Paris, GF-Flammarion, 1995, p. 119.

préfiguration. Scientifiques et sciences sont perçus comme apolitiques : la portée de la science et de ses apports est transnationale. Bacon voyait l'entreprise scientifique comme européenne pour le moins et potentiellement universelle. Elle est aussi transgénérationnelle, à poursuivre par les générations à venir. Bacon avait un vif intérêt pour le *futur*, en dépit du fait que son utopie est encore située dans un ailleurs géographique (l'île de Bensalem quelque part dans le Pacifique). Cet intérêt pour le futur doit toutefois être relativisé. La pensée de Bacon demeure au sein du cadre d'une temporalité globalement circulaire propre à beaucoup de mythes et de religions. Bacon n'a pas l'idée d'un avenir indéfiniment ouvert. Il croit à une fin des temps qui rejoint d'une certaine manière l'origine du temps. Les progrès scientifico-techniques réalisés sous la direction du Collège des Six Jours (ou Maison de Salomon) doivent être compris dans l'optique de la Bible : ils visent à rendre aux hommes le savoir et le pouvoir qu'ils ont perdus depuis la Chute. Le Collège des Six Jours étudie la Nature qui est la création de Dieu (réalisée en six jours) : il s'agit de « restaurer » (ainsi qu'écrit Bacon) un savoir-pouvoir perdu. Une autre interprétation est plus appropriée à la sf sans abandonner la référence théologique : le savoir-pouvoir restauré ne peut-il être prolongé ? C'est l'idée d'une *continuation par les hommes de la création divine* : la réalisation progressive des possibles naturels non encore actualisés dans la création telle que Dieu l'a laissée aux hommes. Cette création continuée sous forme d'inventions technoscientifiques est une activité purement humaine ne faisant appel à nulle surnature, puisque c'est l'étude et l'exploitation de la seule nature qui la soutient.

Elle n'entre pas en conflit avec l'œuvre de Dieu. Elle lui rend, bien au contraire, un hommage continué en la prolongeant, en tirant d'elle de nouvelles merveilles. La liste de celles-ci – intitulée « Merveilles naturelles, surtout celles qui sont destinées à l'usage humain »[1] – est digne de l'imagination anticipative propre à la sf. Qu'on en juge à partir de ces quelques exemples :

– modifier les plantes et les animaux et créer de nouvelles espèces : modification de leurs qualités (couleurs, formes, saveurs, comportement, taille, productivité, fertilité…) et leur utilité (par exemple, les rendre thérapeutiques) ;

– cultiver tissus et organes ;

– produire par des méthodes physiques et chimiques de nouvelles matières et substances aux usages nouveaux innombrables ;

– nouvelles technologies sources de diverses formes d'énergie ;

– nouvelles technologies optiques et acoustiques (prothèses palliatives et améliorives ; télé-communications, etc) ;

– mécaniques imitant les animaux et les hommes ;

– machines volantes et subaquatiques ;

– prolongement de la vie ; rajeunissement ; vieillissement retardé ;

– anesthésiants, analgésiques, euphorisants ;

– augmentation et amélioration des capacités physiques et mentales humaines ;

---

1. F. Bacon, *La Nouvelle Atlantide*, *op. cit.*, p. 133-134. Mais les exemples sont disséminés à travers le long discours du Père de la Maison de Salomon, p. 119 *sq*.

– simulation multisensorielle… *New Atlantis* illustre de nombreuses caractéristiques importantes de la sf et de la philosophie sous- jacente à une large partie de la sf, en particulier celle de la première moitié du XXe siècle : confiance dans l'homme, confiance dans la science et la technique, sens du merveilleux scientifique et technique, rejet de toute intervention surnaturelle pour la production de ces merveilles, étendue *a priori* illimitée du possible, sens du futur, sens de la perfectibilité de l'homme et de la nature …

Science-Fiction et utopie

Accepter ou refuser les auteurs d'utopies comme ancêtres de la sf est une question controversée pour laquelle l'importance du rôle accordé aux sciences et aux techniques matérielles est centrale. Elle a une portée philosophique et idéologique ; elle n'est pas seulement littéraire, affaire de filiation historique et de distinction de genres.

Bailey (1947) situe l'origine de la sf aux XVIIe et XVIIIe siècles dans les utopies, satires et voyages extraordinaires. Il présente sa propre utopie dans le sillage de celle de Bacon : il rêve d'une Université mondiale qui conseillerait un gouvernement planétaire, une vision souvent répétée à travers la « scientific fiction »[1].

En revanche, Darko Suvin[2] vitupère contre ce très peu honorable ancêtre d'une sf faite d'extrapolation

---

1. Il n'utilise pas l'expression « science-fiction ».
2. D. Suvin, *Pour une poétique de la science-fiction*, Presses de l'Université du Québec, 1977.

technocratique et enfermée dans le ghetto de la sf américaine d'entre-guerres sous l'influence de Gernsback : une « sous-littérature individualiste » qui correspond à un stade embryonnaire, régressif, commercial, infantile ou adolescent. La *Nouvelle Atlantide* illustre une « science socialement neutre », un « mélange de technologie et d'autocratie qui ont fondé les empires européens ». « La tradition utopique tombe sous la coupe d'une idéologie de classe dominante qui se débarrasse des problèmes humains par des extrapolations technocratiques (…) »[1]. Suvin était fort influencé par l'idéologie socialiste communiste. Pourtant, le philosophe marxiste Ernst Bloch[2], qui l'a inspiré, est loin d'être aussi négatif. Il admire les prophéties techniques de Bacon, « à peu près toute la technique moderne pressentie sous forme optative ». Cette « première réflexion utopique sur la technique » intègre déjà la dimension collective, à la différence de l'artisanat. C'est la société capitaliste qui impose la loi aliénante de l'intérêt individuel[3]. Pour Suvin, voyages extraordinaires et utopies sont de la sf, car ils introduisent un *novum*, une ou plusieurs nouveautés étranges par rapport aux cadres cognitifs objectifs de l'époque tout en n'étant pas absolument incompatibles avec ceux-ci. Tel n'est pas le cas des mythes, des contes merveilleux ou fantastiques qui entretiennent la confusion entre subjectivité et

1. *Ibid.*, p. 108.
2. E. Bloch, *Das Prinzip Hoffnung* [1959], nous citons la traduction de Fr. Wuilmart, *Le Principe Espérance*, vol. II, Paris, Gallimard, 1982.
3. *Ibid.*, p. 252 *sq.*

objectivité, les lois de la nature étant influencées par les sentiments et les actes, moraux ou immoraux, des protagonistes via des puissances et des causalités surnaturelles. Suvin considère qu'historiquement la sf descend de l'utopie et s'est épanouie « entre les horizons de l'utopie et de l'anti-utopie »[1].

Le rapport entre utopie et sf ne comporte pas seulement l'enjeu du renforcement rétrospectif de l'honorabilité de la sf. Il comprend aussi celui de l'actualité de l'utopie. Dans *L'utopie moderne*[2], Gérard Klein défendait déjà la thèse que la sf *est* l'expression contemporaine de l'utopie et de la contre-utopie. L'utopie moderne a retrouvé sa vigueur aux USA. Elle y célèbre la civilisation scientifique et technicienne, sans se soucier du social ou du politique, car les progrès technoscientifiques règleront tous les problèmes. « L'époque baignait tout entière dans une sorte d'euphorie technicienne. (…) Jusqu'en 1935 environ, l'utopie moderne américaine sera exclusivement technique. » écrivait-il[3].

Pour Tom Moylan[4] aussi, la littérature utopique a rejailli renouvelée à travers la sf, mais après 1960 dans la SF *New Wave*. Car au cours de la première moitié du XXᵉ siècle, les forces capitalistes industrielles et les États ont réussi à lier les énergies révolutionnaires utopistes dans les utopies quasi réalisées de l'État socialiste

---

1. D. Suvin, *Pour une poétique de la science-fiction, op. cit.*, p. 69 *sq.*

2. G. Klein, *L'utopie moderne*, thèse non publiée, Paris, 1957.

3. *Ibid.*, p. 46.

4. T. Moylan, *Demand the Impossible. Science Fiction and the Utopian Littérature*, Londres, Methuen, 1986.

(soviétique) et de la société capitaliste de consommation de masse. Face à cette situation, seule put encore s'exprimer une critique anti-utopiste radicale, purement négative et sans espoir, comme chez Zamiatine, Huxley ou Orwell, dénonçant le danger et la vanité du désir utopique puisqu'il produit des mondes totalitaires. Les désirs utopiques positifs ayant été satisfaits pour le plus grand nombre par les progrès matériels et institutionnels modernes, la littérature utopique de la première moitié du XXe siècle est sans force, pure évasion ou dystopie. Mais à partir des années 1960, Moylan perçoit un renouveau utopique sous forme de critiques constructives des sociétés utopiques réalisées, au nom de l'égalité et de la justice toujours insuffisantes et au nom de nouvelles valeurs non capitalistes et non communistes : solidarité, respect, don, valeurs non commerciales, autonomie, pluralisme, écologie, féminisme, refus de la compétition et de la performance. Ce nouvel utopisme s'exprime chez Russ (*The Female Man*), Le Guin (*The Dispossessed*) ou Delany (*Triton*). Son but est "to eliminate the principle of performance, the ethic of competition, accumulation (…) replacing them with the supremacy of the values of reciprocity, tenderness, spontaneity and love of life in all its forms »[1]. L'idée que la sf simultanément perpétue et trahit l'esprit de l'utopie est courante mais confuse. La comparaison entre *La Nouvelle Atlantide* de F. Bacon et *L'Utopie* de Thomas More[2] éclaire un aspect, selon nous capital, du débat.

---

1. *Ibid.*, p. 11-12.
2. *De optimo reipublicae statu, deque nova insula Utopia*, 1516.

La foi dans la nouvelle science expérimentale et technicienne potentiellement capable de modifier biophysiquement la nature et l'être humain est au fondement de *La Nouvelle Atlantide*. Rien de tel dans *L'Utopie*. Celle-ci tient tout entière dans l'aménagement idéal de l'espace (la cité) et des institutions : suppression de la propriété privée, union libre, égalité entre les hommes et les femmes, droit à l'euthanasie, suppression de la peine de mort, éducation collective des enfants retirés de leur famille, travail obligatoire d'utilité sociale pour les criminels, etc. La perspective dominante dans l'utopie est politique et repose sur la croyance que la volonté éclairée par la raison, supposée universelle, suffit afin d'améliorer, émanciper et même parfaire l'humanité. A l'intérieur de ce cadre, l'utopie est généralement favorable au développement dirigé des sciences et des techniques qui permettent de diminuer ou de supprimer le travail pénible, la rareté des ressources, les maladies et les souffrances, etc. Sciences et techniques contribuent modestement à l'avènement d'une société parfaite qui n'appelera plus de changement et coïncidera avec la fin de l'histoire humaine. En évoquant cet état final idéal, l'utopie opère *ipso facto* la critique politique de la société existante.

Utopie et sf occupent les orientations opposées de l'éventail qui les réunit et que *L'Utopie* de More et *La Nouvelle Atlantide* de Bacon ont d'emblée illustrées. Entre les deux extrêmes de cet éventail, il y a place pour un nombre indéfini d'œuvres dosant diversement politique et technique. *Lorsque l'utopie (ou la dystopie) décrit un projet de société ou une autre société qui reposent essentiellement voire exclusivement sur l'organisation de nouveaux rapports sociaux, de nouvelles institutions juridiques et politiques, c'est-à-dire essentiellement ou exclusivement sur une nouvelle structuration des relations humaines médiatisées par le langage (et le symbolique en général) et fixées sous formes d'institutions, de lois, de règles et de coutumes, alors on a peu – ou pas – affaire à de la sf.*

Lorsque la sf projette un futur où les descriptions sociales et politiques sont absentes ou très marginales au profit des technosciences, on n'a pas ou peu affaire à l'utopie. La sf est caractérisée par la prépondérance de la technoscience ; l'utopie par celle du politique. Cela est vrai aussi pour les dystopies ainsi qu'en témoigne la distinction entre deux autres œuvres classiques et exemplaires : le *Meilleur des Mondes* d'Huxley est considéré comme relevant de la sf ; *1984* d'Orwell de l'(anti-)utopie. Ces qualifications ne sont jamais « pures » : le politique n'est pas absent du *Meilleur des Mondes*, science et technique ont un rôle dans *1984*.

Johannes Kepler entre science, spéculation et imagination. Le *Somnium, sive Astronomia Lunaris* (*le Songe, ou l'Astronomie lunaire*), œuvre posthume de Kepler, publiée en 1634, est régulièrement mentionné comme écartelé entre son contenu astronomique et son contenu fictionnel plus fantastique sfictionnel. On fait valoir que cette histoire est présentée comme un rêve fait par le narrateur qui se voit conduit sur la Lune par des démons. Adam Roberts (2007) a un avis plus favorable. La description des paysages lunaires, la vue de la Terre depuis la Lune, les conséquences climatiques

des longues nuits et les différences entre la face exposée
à la Terre et la face invisible correspondent au savoir
astronomique de l'époque et aux spéculations qu'il
suscite légitimement. L'évocation des habitants de la
face cachée de la Lune est très fantaisiste, malgré le
souci exprès de Kepler d'imaginer une forme de vie
adaptée aux conditions lunaires. Le *Songe* est accompagné
d'un nombre impressionnant d'annexes et de notes
scientifiques, véritable exposé d'astronomie, qui servent
aussi à appuyer les extrapolations et les spéculations du
récit. Il ne faut donc pas voir dans cette juxtaposition
une simple opposition entre la science et le fantastique.
Roberts observe qu'à l'époque passe pour « savoir » un
mélange entre ce que nous appellerions « science, magie,
alchimie, démonologie et astrologie ». Kepler n'était-il
pas « astronome-astrologue » ? Une partie considérable
des écrits de Francis Bacon relève, aussi, plus du
Moyen Âge que de la Modernité. Il n'empêche que
l'arrière-plan philosophique de Kepler est étranger à
toute technoscientophilie expérimentaliste et matérialiste.
Néo-platonicien, panpsychiste chrétien, Kepler ne conçoit
pas l'étude des causes naturelles séparément d'une
interrogation sur leur sens qui doit, en définitive, renvoyer
à l'harmonie de la Création. La consigne de Bacon est,
au contraire, de séparer l'étude des causes effectives et
les considérations relatives au sens ou à la finalité des
processus naturels (« causes finales »). Cette distinction
fonde sa vision expérimentaliste et technicienne de la
science. Or, les techniques matérielles sont simplement
absentes du *Songe*. Kepler était un mathématicien et la
partie de son œuvre que l'Histoire a retenue sont les

lois de l'astronomie mathématique qui portent son nom. Le *Songe* est un ouvrage précurseur de la *vulgarisation scientifique à la fois sérieuse, imaginative et spéculative*. Cette littérature hybride, de plus en plus abondante aux cours des siècles, constitue aujourd'hui encore une source d'inspiration sfictionnelle majeure.

Cyrano de Bergerac : les voyages imaginaires d'un écrivain philosophe. Cyrano de Bergerac (1619-1655) est souvent mentionné pour ses deux ouvrages posthumes, *États et Empires de la Lune* (1657) et *États et Empires du Soleil* (1662). Ces récits satiriques sont davantage dans la veine de Lucien que de Bacon ou de Kepler qui revendiquent sérieux philosophique et scientifique. Libertin se réclamant de la tradition épicurienne teintée de scepticisme athée, Cyrano promeut une valeur capitale de l'esprit sf : la *liberté*, en particulier la liberté de pensée et d'imagination irrespectueuses de la morale établie, des philosophies et religions dogmatiques et tournant en ridicule toutes les puissances dominantes. Le narrateur qui est Cyrano lui-même se rend sur la Lune par des moyens matériels et non surnaturels bien qu'invraisemblables. Il doit s'y reprendre à plusieurs reprises avant d'y parvenir. Ce sont comme des tentatives expérimentales qui ne réussissent pas du premier coup et que la chance doit aider : fioles de rosée que le Soleil aspire à l'aube emportant dans les airs l'homme qui en est revêtu, machine propulsée par un ressort agitant des ailes ou par des fusées d'artifice, enfin moelle bovine que la Lune en certaine de ses phases « boit » tirant jusqu'à elle le narrateur qui s'en est enduit. Invoquant les noms de Démocrite, d'Épicure, de Copernic et de

Kepler dès le début du voyage dans la Lune, Cyrano se moque de la myopie anthropocentriste qui s'imagine qu'il n'y a d'autres mondes habitables que la seule Terre. Ce qu'il trouve sur la Lune est un mélange fantaisiste et burlesque autant qu'irrespectueux de créatures lunaires, de figures mythologiques (en particulier bibliques), philosophiques et même littéraires. Il se moque du roman de Francis Godwin *The Man in the Moone* (1638), d'inspiration chrétienne. Mais c'est avant tout l'homme lui-même – cette pseudo merveille de la Création qui se croit unique et supérieure au reste de l'univers – que Cyrano tourne en dérision.

Fontenelle : la vulgarisation scientifique imaginative et spéculative. Plus rarement mentionné dans les préhistoires de la sf, Bernard de Fontenelle fonde la vulgarisation scientifique avec son œuvre de jeunesse : *Entretiens sur la pluralité des mondes* (1686). Membre de l'Académie Française et de l'Académie des sciences, il dispose des « deux cultures ». Bien plus que son roman utopique matérialiste et athée, posthume (1768), *La République des philosophes ou Histoire des Ajaoiens*, les *Entretiens* eurent un succès énorme et durable. Ils anticipent une des ambitions de la sf : communiquer d'une manière agréable des connaissances scientifiques actuelles et s'appuyer sur elles pour spéculer et imaginer, toujours de façon plaisante. Fontenelle, prudent, prévient les réactions théologiques en soulignant qu'il ne place pas d'hommes dans la Lune, les planètes et les étoiles, et que, par conséquent, ses spéculations n'affectent pas la foi qui ne concerne que « les fils d'Adam ». Les *Entretiens* entre Fontenelle et la Marquise se répartissent sur six soirées centrées chacune sur un thème dont l'audace spéculative va croissant puisqu'on y voyage d'abord vers la Lune, puis vers les planètes connues (jusque Saturne), enfin parmi les étoiles. Postulant d'emblée un univers post-copernicien immense et infiniment divers, Fontenelle expose ce que la physique et l'astronomie de l'époque enseignent sur les astres et, à partir de là, il raisonne, spécule et imagine par déduction, analogie et extrapolation. Le voyage vers la Lune et les échanges avec ses habitants prolongent la découverte des Amériques. L'art de la navigation a progressé et conduit vers ces nouveaux mondes. « L'art de voler ne fait que naître ; il se perfectionnera encore, et quelque jour on ira jusqu'à la Lune. »[1]. Il imagine des extraterrestres dotés de sens autres que les nôtres et organisés dans des sociétés qui rappellent les abeilles ou les fourmis. Visionnaire, il évoque Jupiter gigantesque, « monstrueuse planète suspendue sur les têtes » des habitants de ses lunes (p. 95) ; il donne à voir les anneaux traversant le ciel nocturne de Saturne d'un horizon à l'autre et « faisant l'effet d'une lune continue » (p. 100) ; et il décrit Mars aux « grands rochers fort élevés qui sont des phosphores naturels, et qui prennent pendant le jour une provision de lumière qu'ils rendent pendant la nuit »[2]. (p. 99). Enfin, il conçoit le soleil devenu lui-même « petite étoile fixe » à peine perceptible lorsqu'il est vu depuis les étoiles lointaines qui sont autant de systèmes planétaires.

1. Fontenelle, *Entretiens sur la pluralité des mondes*, nous citons l'édition de Marabout-Université, 1973, p. 62.
2. *Ibid.*, p. 95, 99 et 100.

Cette immensité « confond, trouble, épouvante » la Marquise, alors qu'elle remplit d'aise Fontenelle qui y lit la prodigieuse profusion de la nature. Seules la pluralité et la diversité des habitants qu'il imagine sur toutes ces planètes justifient l'existence de celles-ci et leur très grand nombre. L'hypothèse de la pluralité des mondes habités est donc raisonnable, voire nécessaire. Plus que beaucoup de fictions narratives, ces spéculations visionnaires de Fontenelle sollicitent le fameux « sense of wonder » si cher à la sf américaine de la première moitié du XXᵉ siècle. Toutefois, le sens de l'altérité de *l'alien* et le décentrement de l'homme restent limités. La diversité et l'étrangeté de l'univers sont intelligibles à la raison et soumise à une imagination dont les produits sont anthropomorphes ou zoomorphes : les habitants des autres planètes sont décrits comme des humanités partielles, n'exprimant le plus souvent que l'une ou l'autre caractéristique humaine. La diversité de l'humanité contient en quelque sorte celle de l'univers : « nous sommes un mélange de toutes les espèces qui se trouvent dans les autres planètes (…comme) ramassés de plusieurs mondes différents. A ce compte, il est assez commode d'être ici : on y voit tous les autres mondes en abrégé. ».

Jonathan Swift et les voyages extraordinaires d'un écrivain satirique. Personne ne nie que Swift (1667-1745) appartient à la tradition des voyages extraordinaires et imaginaires et à celle de la littérature satirique et utopique. La reconnaissance des *Voyages de Gulliver*[1] parmi les ancêtres de la sf tourne autour de l'évaluation

---

1. Jonathan Swift, *Travels into Several Remote Nations of the World, in Four Parts* (1726).

que cette œuvre réserve aux sciences et aux techniques.
Pour Suvin, Swift est un humaniste critique et spirituel
qui dénonce l'ambition de domination des partisans de
la science baconienne, une science qui « stérilise les
relations de l'homme envers l'homme et envers la
nature »[1]. Il « fait revivre l'hostilité radicale de More
contre la civilisation capitaliste et individualiste
envahissante ». « À travers cette indignation d'utopiste
(…), Swift a créé le grand modèle de toute science-
fiction à venir. »[2]. Paul Alkon (1994) et Adam Roberts
(2007), tout en mentionnant les désaccords, confirment
la place importante de Swift dans la préhistoire de la
sf. Comme la plupart des critiques, Alkon souligne le
troisième voyage (à Laputa). Mais il observe aussi que
le quatrième, qui met en scène des chevaux rationnels
et non émotionnels, illustre l'*alien*. Swift réussit à faire
voir l'humanité suivant une perspective étrangère.
Roberts fait des voyages un « roman *intrinsèquement*
science-fictionnel » où la science est omniprésente, sous
un jour généralement positif, même dans le troisième
voyage, auquel il n'accorde pas d'attention particulière.
Pourtant, c'est bien dans le troisième voyage – « Le
voyage à Laputa, Balnibarbi, Luggnagg, Glubbdubdrib
et au Japon » – que se joue la relation de la sf à Swift.
Laputa est une île volante dont Swift explique longuement
le mécanisme basé sur un gigantesque aimant orientable
permettant de déplacer Laputa dans toutes les directions.
Elle est peuplée de savants et gouvernée par un roi qui

---

1. D. Suvin, *Pour une poétique de la science-fiction, op. cit.*,
p. 115.

2. *Ibid.*, p. 117 et p. 119.

règne aussi sur une série de terres ordinaires dont la capitale est Lagado. Le roi réside sur Laputa d'où il surplombe son empire en compagnie de sa société de savants et d'où il lui est aisé de bombarder et d'écraser les cités terrestres qui se révoltent. La métaphore qui associe la science et le pouvoir en les situant au-dessus du commun des mortels est transparente. Cette association est dénoncée et ridiculisée. Les scientifiques sont forts en abstraction, mais mauvais aux arts concrets et pratiques. Ils communiquent très mal avec les profanes. Ils sont sans imagination ni fantaisie, et leurs préoccupations sont étrangères au sens commun : ainsi se soucient-ils de la destruction du monde sous le choc d'une comète ou suite à l'extinction du soleil. C'est en descendant à Ladoga que Gulliver mesure l'ampleur des conséquences ruineuses de l'application forcée et inefficace des sciences au nom du progrès destructeur des traditions. Comment ne pas lire dans les visites de Gulliver à la Grande Académie de Ladoga une parodie satirique de la Maison de Salomon et, donc, indirectement de la Royal Society ? On y retrouve l'organisation collective et la division du travail scientifique dans tous les domaines à travers la description de recherches et d'expériences curieuses, absurdes ou grotesques, menées par des savants qui ne cessent de demander de l'argent en dépeignant leurs entreprises comme utiles alors qu'elles sont ruineuses, destructrices ou futiles. Lorsque, par la suite, Gulliver débarque sur l'Île des Sorciers, il lui est permis de rencontrer des grands hommes du passé, tels Homère et Aristote qui se moquent des Modernes. Enfin, chez les Luggnaggiens, il rencontre des individus qui, hasard de la nature, vieillissent mais ne meurent pas. Leur état est très éloigné d'une immortalité éternellement jeune : ils sont décrépits, « incapables de vivre comme de mourir », totalement dépendants de la société. Une vision qui transforme en cauchemar le rêve moderne et contemporain d'un allongement indéfini de la vie grâce aux développements de la médecine.

Swift est important parce qu'il introduit la note technoscientophobe qui va alimenter la sf autant que la technoscientophilie. Ce qui est déterminant pour la littérature sf, c'est la reconnaissance de la portée essentielle de la science moderne pour la civilisation occidentale et, au-delà, pour le genre humain. Mais cette importance qui fait fantasmer et spéculer est ambivalente. La sf va croître dans les oscillations de cette ambivalence.

Voltaire et le conte philosophique. – Ni utopie, ni voyage imaginaire ou extraordinaire effectué par des hommes, *Micromégas* (1752) porte le sous-titre *Histoire philosophique*. Il s'agit probablement de la première occurrence du thème de l'Extraterrestre venant sur Terre. Micromégas, en provenance de Sirius, et son collègue Saturnien, président de l'Académie des Sciences de Saturne, sont toutefois très peu « alien ». Ils se voient comme des « philosophes » – un terme qui, à l'époque, désigne davantage les savants et les esprits critiques que les métaphysiciens – en « voyage philosophique » afin de s'instruire. – *Micromégas* a sa place dans la préhistoire de la sf pour plusieurs raisons.

La représentation de l'univers y est post-copernicienne : c'est l'univers de la science moderne avec ses deux infinis révélés par ces instruments majeurs d'observation que sont le télescope et le microscope.

Mais *Micromégas* n'est d'aucune manière de la technique-fiction : les véhicules utilisés pour voyager dans le cosmos sont des queues de comètes et on atterrit en prenant appui sur une aurore boréale ! Nulle volonté de réalisme ni même de vraisemblance donc, mais seulement de la fantaisie, exploitant poétiquement des phénomènes naturels. La technique n'est pas en elle-même un objet d'émerveillement ou de spéculation : seule l'est la nature qu'elle aide à révéler.

La spéculation sur les deux infinis et sur leur diversité sans bornes n'est pas angoissée : elle serait plutôt étonnée, jubilatoire et pleine d'humour. Elle ruine l'anthropo-centrisme et expose la relativité des formes de vie sans verser dans un vertige pascalien. *Micromégas* ne prétend pas instruire le lecteur en lui apportant une information technoscientifique fiable. Ce conte éduque l'esprit au décentrement dont la révolution copernicienne est une expression archétypique. Les ET sont des points d'appui pour cette mise à distance. Leur taille même illustre la relativité des choses. « Micromégas » signifie petit-grand : il est immense avec ses huit lieues de haut, mais il a rencontré dans le cosmos des êtres beaucoup plus grands que lui. De même, le Saturnien qui l'accompagne est un nain pour lui, mais un géant pour nous.

La philosophie sous-jacente est critique : elle rejette toutes les affirmations dogmatiques de vérités absolues, qu'elles viennent de la métaphysique ou de la théologie. Cette philosophie est empiriste (Locke est le seul philosophe trouvant grâce), mais l'empirisme sert principalement à démontrer la vanité des métaphysiques et des théologies tissées de thèses fausses concernant le monde. Cet empirisme n'est pas un matérialisme ni un athéisme : la diversité de l'univers témoigne de la grandeur de son auteur. En outre, cette diversité ne contredit pas l'universalité de l'esprit : les ET et les humains philosophes s'entendent sur ce qui est raisonnable et ils ne diffèrent pas fondamentalement en dépit de leur inégalité de taille et de sens (Micromégas a plus de sens que le Saturnien qui en a plus que les hommes). La nature des sens autres qu'humains n'est pas précisée ; elle demeure abstraite. Bref, l'anthropomorphisme des ET est évident et la diversité des formes de vie – en particulier des sens – n'affecte pas l'universalité de l'esprit. ET et humains partagent le désir, la curiosité d'aller toujours plus loin, de savoir, de faire des expériences nouvelles. Mais besoins et désirs sont aussi sources de conflits. Les philosophes humains et ET s'entendent sur toutes les questions empiriques susceptibles d'être mesurées, quantifiées, comme les dimensions et les distances. Ils s'entendent aussi pour placer au-dessus des passions le goût de savoir, c'est-à-dire la science empirique et mathématique produit de la raison et de l'expérience.

> Il y a partout des gens de bon sens qui savent prendre leur parti et remercier l'Auteur de la nature. Il a répandu sur cet univers une profusion de variétés, avec une espèce d'uniformité admirable. Par exemple, tous les êtres pensants sont différents, et tous se ressemblent au fond par le don de la pensée et des désirs[1].

---

1. Voltaire, *Romans et contes*, Paris, Flammarion, 1975, p. 218.

Un grand nombre de valeurs promues par *Micromégas* sont en accord avec l'esprit de la sf : liberté de pensée, esprit critique sans limites, tolérance, ouverture au possible, anti-dogmatisme, adhésion à la science moderne et à sa représentation du monde, rejet du surnaturel, agnosticisme, distanciation, humour...

> Je n'affirme rien, dit le petit philosophe lockien pour la plus grande joie des ET, je me contente de croire qu'il y a plus de choses possibles qu'on ne pense[1].

L'invention de la fiction futuriste. « Industrial revolution, acceleration of technological change, rise of capitalism, expansion of geological time-scales together with Darwinian theories of evolution ; and political revolutions toward the end of the eighteenth century » sont des conditions historiques générales de l'émergence de la sf[2]. Une condition décisive supplémentaire est l'invention d'un nouveau type de récit : la « futuristic fiction » définie comme « prose narratives explicitly set in future time »[3]. Typique de la modernité, la fiction futuriste postule un rapport nouveau au temps. Ce nouveau rapport accorde au futur une réalité quasi empirique et une valeur absentes des conceptions antiques et médiévales, négatrices du devenir au profit de l'éternité ou ne considérant que la fin des temps (apocalypse,

---

1. 1. Voltaire, *Romans et contes*, *op. cit.*, p. 234.

2. P. Alkon, « Origins of futuristic fiction », *in* G. E. Slusser, C. Greenland, E.S. Rabkin (eds.), *Storm Warnings. Science Fiction Confronts the Future*, Carbondale, Southern Illinois University Press, 1987, p. 31.

3. P. Alkon, *Origins of Futuristic Fiction*, Athens and London, The University of Georgia Press, 1987, p. 3.

millénarismes). Cette révolution exige un genre nouveau, une forme esthétique appropriée à la nouvelle sensibilité temporelle. La fiction futuriste demande un réalisme de vraisemblance, incompatible avec la prophétie religieuse vague, allégorique, susceptible de multiples interprétations tout en proclamant sa Vérité. Elle implique aussi la fin du monopole de l'espace comme source d'étrangement (utopie, exploration) au profit du déplacement dans le futur. *Epigone : Histoire du siècle futur* (1659)[1], qui ne fut pas imité avant longtemps, rompit avec le monopole de l'avenir réservé aux seuls prophètes et astrologues. En 1733, Samuel Madden publie *Memoirs of the Twentieth Century* constitué de lettres du XXᵉ siècle transmises par un ange gardien. À l'époque, ce sont encore souvent des esprits qui conduisent vers d'autres planètes. Empruntés à la tradition, ils sont devenus une sorte de convention. Madden est le premier à inviter ses lecteurs à considérer leur propre époque rétrospectivement et de façon satirique, à partir du futur.

L'an 2440. Rêve s'il en fut jamais de Louis-Sébastien Mercier (1771) fut un best-seller européen. Il est le premier livre à titrer sur une date future précise qui accentue la réalité de cet avenir auquel conduit une chronologie mesurable. *2440* transforme le genre utopique en une exploration du futur : « Such exploration of possible futures differs radically from prediction », note Alkon[2], qui souligne ainsi un aspect important de

---

1. Traditionnellement mais erronément attribué à Jacques Guttin, ce livre serait de l'abbé Michel de Pure, voir l'édition établie par L. Leibacher-Ouvrard, D. Maher, Presses de l'Université Laval, 2005.

2. P. Alkon, *Origins of Futuristic Fiction, op. cit.*, p. 125.

la sf. La prédiction – scientifique ou religieuse – fixe un futur ; l'exploration futuriste multiplie les possibles et laisse le futur ouvert. En même temps, Mercier contribue à déplacer l'utopie d'un non-lieu et d'un non-temps totalement imaginaires vers l'histoire réelle : il connecte l'utopie à l'histoire future de sa propre société et en fait un avenir possible concrètement produit par les hommes, tout en la gardant dans le domaine de l'imagination divertissante. Raymond Trousson nuance en observant que Mercier accordait à son roman – qu'il n'a cessé d'étoffer d'édition en édition – une portée prophétique. Celle-ci pouvait se justifier s'agissant, après la Révolution Française, de la réalisation des idées des Lumières ou de l'un ou l'autre événement important, telle la chute de la Bastille. Mercier attribua aussi, après coup, une efficacité historique à son roman qui aurait été un facteur révolutionnaire[1].

2440 est un rêve, particulièrement vivant, dans lequel le narrateur – Mercier lui-même – sombre au terme d'une conversation avec un ami anglais à propos des maux de la société française, et dont il est tiré brutalement à la fin du récit. En 2440, Paris, la France et, au-delà, le monde, sont délivrés des vices, inégalités, injustices et dysfonctionnements qui affectent l'époque où Mercier naquit sept cents ans plus tôt. Cette métamorphose est essentiellement due à l'évolution des institutions, de l'éducation, de la culture et des relations humaines. La

---

1. Voir la Préface de Raymond Trousson à Louis-Sébastien Mercier, *L'an 2440. Rêve s'il en fut jamais* (1771), Paris, La Découverte, 1999, p. 11.

monarchie est constitutionnelle, éclairée par un parlement, relais du peuple souverain. L'arbitraire et l'intolérance ont disparu. Les lois sont justes, appliquées par des magistrats honnêtes et compétents. Les gens sont, d'une manière générale, affables, pacifiques, responsables, de bonne foi et de bonne volonté. Les libertés individuelles sont respectées ; la presse est libre. Mais on a pris soin de détruire les ouvrages néfastes encourageant les tendances immorales et anti-sociales ; l'opprobre public frappe tout écrivain qui s'engagerait sur ces voies inciviques. Dogmatisme et fanatisme religieux ont disparu. C'est au cœur et à la conscience que l'Être Suprême parle en chaque individu. Les jeunes gens sont éduqués en ce sens par la contemplation des merveilles des deux infinis. Jean-Jacques Rousseau – seul auteur dont toute l'œuvre a été conservée – inspire ce déisme en même temps que bien des aspects du rêve de Mercier. Aussi l'athéisme est-il inexistant ou moralement condamné, au même titre que le matérialisme. La loi que les hommes doivent respecter est à la fois naturelle et divine.

Bien que critique de la théologie comme de la métaphysique, le rêve de Mercier demeure spiritualiste. La civilisation de 2440 croit même à la métempsychose : les âmes se réincarnent selon leurs mérites non seulement dans les diverses formes de vie terrestres mais encore sur d'autres planètes qui sont habitées et plus ou moins proches de la perfection. « Nous pensons que notre âme est distincte de la matière (…) L'âme humaine monte dans tous ces mondes, comme à une échelle brillante et graduée, qui l'approche à chaque pas de la plus grande perfection. ». C'est de la « métempsychose raisonnée, supérieure à l'ancienne »[1]. La place réservée aux sciences et aux techniques est importante sans plus. A cet égard, Mercier a su prendre quelque distance par rapport à Rousseau. Le chapitre « Le Cabinet du Roi » reflète les descriptions de recherches et d'inventions énumérées dans *New Atlantis*. Comme les Encyclopédistes, Mercier est favorable aux sciences et aux techniques, mais il n'en fait pas le moteur principal du progrès. L'amélioration et la perfectibilité continuées des hommes est d'abord une affaire de bonne éducation, de bonne gouvernance, de bonne organisation sociale, de lois justes, etc., qui garantissent que tous bénéficient des progrès techno-scientifiques. En ce sens, *2440* rappelle l'utopie sociale et politique classique. Mais le monde qu'il décrit n'a rien d'isolé et de clos dans l'espace et dans le temps. Ce n'est pas d'une île qu'il s'agit, mais de la planète entière, même si l'histoire se déroule à Paris. De 1771 à 2440, on peut concevoir une continuité historique effective. En outre, cette société n'est pas dans quelque *ailleurs* imaginaire ou inaccessible : elle est *ici*, à Paris. Trousson, avec quelque anachronisme[2], parle d'*uchronie*

---

1. L.-S. Mercier, *L'an 2440*, *op. cit.*, p. 185-187.

2. *Ibid.*, Préface de R. Trousson, p. 54 *sq*. « Uchronie » est un terme forgé en 1876 par Charles Renouvier, *L'uchronie (l'Utopie dans l'histoire), esquisse historique apocryphe du développement de la civilisation européenne tel qu'il n'a pas été, tel qu'il aurait pu être*. L'uchronie invite à réfléchir en philosophe sur les causes dans l'histoire, à repérer des nœuds causaux qui, modifiés, auraient transformé le cours des choses. Renouvier imagine une « autre » histoire basée sur l'hypothèse de la perpétuation de l'Empire romain. Le mot désigne donc des « histoires alternatives ».

pour bien distinguer l'ouvrage de Mercier de l'utopie, devenue, à l'époque, un genre banal déjà usé. Certes, il s'agit d'un rêve, mais au double sens de celui qu'on fait en dormant et de celui que l'on projette et espère voir réalisé dans le futur. Le réalisme du récit et des descriptions détaillées du Paris de 2440 – qu'il s'agisse des vêtements, des immeubles, des rues et de leur éclairage, des voitures, des impôts, des gazettes, des hôpitaux, des professions exercées, et... – vient conforter l'idée qu'il y a ici un sens nouveau de la temporalité dont le poids a basculé du passé ou du présent vers le futur : un futur « réel » car productible par les hommes. Alkon et Roberts soulignent que 2440 n'est pas une date symboliquement chargée comme le seraient 2000 ou 2666 : ces chiffres auraient immédiatement évoqué le millénarisme ou l'Apocalypse, la fin religieuse des temps. 2440 est quelconque, à l'exception du fait dénué de toute signification autre que personnelle, qu'il s'agit du sept centième anniversaire de la naissance de Mercier ! La date est « laïque » et de telles dates contingentes sont potentiellement infiniment nombreuses : on peut les choisir librement et multiplier les anticipations. *Des* futurs au choix deviennent ainsi pensables.

Mais la fin des temps aussi est sécularisée avec *Le dernier homme* de Jean-Baptiste Cousin de Grainville publié en 1805 et *The Last Man* de Mary Shelley en 1826. Ce récit du seul survivant à une épidémie de peste au XXIe siècle « is a complete secularization of Apocalypse »[1]. Dès 1846, Émile Souvestre inaugure la tradition dystopique française par une caricature comique

---

1. P. Alkon, *Origins of Futuristic Fiction, op. cit.*, p. 190.

et satirique de la Modernité avec *Le monde tel qu'il
sera*. Comment soutenir la prétention de vérité (réaliste,
plausible, vraisemblable…) d'un récit futur ? Avant la
machine de Wells et après le recours à des rêves inspirés
et à des esprits, les auteurs cherchent des stratagèmes
plus ou moins convaincants. Au cours de cette période
de transition qui croit de moins en moins au surnaturel
religieux mais pas encore assez au merveilleux
technoscientifique, le problème est difficile. Une issue
transitoire fut le mesmérisme (ou magnétisme animal)
décrit non sous une forme spiritualiste occultiste mais
en des termes médicaux quasi matérialistes et sujet de
controverses scientifiques dès la fin du XVIIIᵉ siècle.
Grâce aux pratiques mesmériques et à la supposition
que l'on peut se relier au futur dans certains états parce
que le futur existe déjà d'une certaine façon ou parce
qu'il n'y a pas, fondamentalement, d'écoulement
temporel, une solution plausible au problème de la
connexion au futur parut trouvée.

En 1834, Félix Bodin publie *Le roman de l'avenir*
et invente l'expression « littérature futuriste ». Il esquisse
la première poétique du roman futuriste dont Alkon
(1987) relève ces principales caractéristiques : – il s'agit
de montrer que la civilisation moderne aussi est
merveilleuse et poétique, et pas seulement le passé ;

– le lecteur doit être ému, pas seulement instruit.
« Romancer le futur » revêt une portée très
considérable : « Si jamais quelqu'un réussit à faire
le roman, l'épopée de l'avenir (…) il aura trouvé
un moyen de saisir, de remuer les imaginations, et
de hâter les progrès de l'humanité, bien

autrement puissant que les meilleurs exposés des systèmes »[1] ; – il ne faut pas se projeter dans un futur trop lointain, sans quoi on se heurte à une étrangeté difficile à décrire qui inviterait au ton apocalyptique ; – l'histoire doit être plausible autant que poétique ; il faut trouver des substituts acceptables aux moyens surnaturels qui permettaient d'accomplir des merveilles : Bodin se tourne vers le mesmérisme non spiritualiste.

La philosophie de Félix Bodin s'inspire d'un matérialisme progressiste qui ne marginalise pas les dimensions émotionnelles de l'homme futur dont la nature profonde demeurera inchangée. Il décrit un monde plein de merveilles techniques aux formes belles et poétiques, sans s'attarder à l'explication technoscientifique de ces merveilles (dirigeables, etc.).

« He does not speculate or invite his readers to ask themselves about how such machines might actually work. He is concerned with the phenomenology of possible futures, not technological forecast. »[2]. Cette idée d'une phénoménologie des merveilles technoscientifiques futures, avec leurs conséquences humaines, psychologiques et sociales, est intéressante et s'accorde à une conception déjà fort élaborée de la sf. L'histoire du futur de Bodin ne tourne pas exclusivement autour des sciences et des techniques : elle est pleine d'événements politiques et sociaux concernant de nombreux pays.

1. F. Bodin, *Le roman de l'avenir*, cité par P. Versins, *Encyclopédie de l'utopie*, *op. cit.*, p. 119.

2. P. Alkon, *Origins of Futuristic Fiction*, *op. cit.*, p. 265.

UNE DOUBLE ASCENDANCE,
UN TRIPLE ÉPANOUISSEMENT

A l'exception de Lucien de Samosate qui appartient à un autre âge, les précurseurs de la sf expriment un imaginaire nourri par la science et la technique modernes. Ils sont Français et Anglais. Cette double nationalité de la lente gestation de l'esprit sf est renforcée par les deux écrivains souvent désignés comme les véritables maîtres fondateurs : Verne et Wells. L'essentiel de leur œuvre sfictionnelle relève du XIXᵉ siècle, le siècle de la Révolution Industrielle, de l'essor de la technologie moderne, avec ses conséquences économiques et sociales.

Décrire la sf comme un phénomène américain est clairement abusif. Considérer qu'elle noue avec la culture américaine du XXᵉ siècle et avec l'histoire des États-Unis des liens forts que symbolise l'invention du terme « science(-)fiction » par cet Européen émigré aux États-Unis qu'est Gernsback, est légitime.

Selon Sharona Ben-Tov, *The Artificial Paradise. Science Fiction and American Reality*[1], la sf exprime les composantes de base de la culture, de l'imaginaire et de l'idéologie des États-Unis : la frontière toujours à conquérir ; le Jardin, Eden perdu d'une vision pastorale ; la technologie productrice d'une réalité supérieure à la Nature. Ben-Tov s'inspire de Leo Marx (1964), *The Machine in the Garden : Technology and the Pastoral Ideal in America*, qui analyse dans la littérature américaine « the conflict between pastoralism, the ideal of America

---

1. S. Ben-Tov, *The Artificial Paradise. Science Fiction and American Reality*, Ann Arbor, University of Michigan Press, 1995.

as a vast garden, and the rhetoric of the technological sublime, which justifies industrialism and technological expansion ». Celle-ci aurait triomphé sans que le rêve pastoral ne soit abandonné. La sf vient s'insérer dans cette tension : « Science Fiction combines frontier mythology with myths about collective technological power (…) using the frontier myths to connect two aspects of American experience : the natural wilderness and the technological system. »[1]. Le héros sf est simultanément l'homme de la frontière et le savant. Analyse américaine d'une sf américaine reflétant un imaginaire américain, le livre ne méconnaît cependant pas l'ancrage historique de cet imaginaire et de ces idéologies dans la philosophie moderne anglaise et française de Francis Bacon et de Descartes. La dialectique de la nature et de la technique est déjà utopiquement résolue chez Bacon. Ce sont les progrès technoscientifiques qui permettront de restaurer l'Eden et/ou de prolonger l'aventure de la Création, de repousser ses frontières avec l'accord présumé de Dieu. Une aventure sans grands risques dans la mesure où elle demeure le prolongement humain autorisé de l'œuvre divine. Cette vision de la technoscience au service du Jardin ou de la Création postule un cadre théologique qui permet la réconciliation. Hors de ce cadre règnent les oppositions et les tensions. L'antagonisme de la nature et de la technique n'est peut-être pas le plus fondamental. La technoscience – qui « maîtrise la nature en lui obéissant » – peut se placer au service du Jardin – à soigner, à entretenir, à restaurer, à contempler – autant qu'à celui de la Frontière – à

1. *Ibid.*, p. 9.

repousser, à conquérir, à transgresser –. C'est l'opposition entre Repos et Aventure. La technoscience peut se placer au service du Repos au sein d'un Jardin clos autant qu'au service de l'Aventure exploratrice et conquérante de la Nature sauvage qui s'étend sans limites.

Les historiens américains préfèrent voir la filiation de la littérature sf comme étant triple. Alkon (1994) étend la préhistoire de la sf à la littérature américaine du XIXᵉ siècle (avec Poe, Bellamy et Twain). Stableford (1998)[1] repère une triple tradition : française, britannique et américaine. Il parle de « speculative fiction » pour la première, de « scientific romance » pour la deuxième et de « science-fiction » pour la troisième. Les deux premières sont antérieures à la troisième et l'auraient peu influencée. En revanche, elles ont été fort influencées et en partie étouffées par la sf américaine après la deuxième guerre mondiale.

La tradition française qui remonte à Mercier, Robida, Flammarion, Verne et Rosny, exprime « a restless spirit of intellectual inquiry », l'expansion d'une civilisation humaniste du savoir et un progrès non prioritairement matérialiste. Y domine une attitude spéculative et contemplative pour laquelle l'important est de voir et d'apprendre ce qui est nouveau et encore inconnu.

Dès la fin du XIXᵉ siècle, la tradition britannique exprimerait l'anxiété de guerres terribles à venir et la précarité d'une nation insulaire devant défendre un empire menacé : c'est la lutte pour la survie, présente chez Wells. La quête du savoir est ambivalente (Huxley,

---

1. B. Stableford, « Speculative fiction in Europe and America : the past and the future », *The New York Review of Science Fiction*, n°115, mars 1998, p. 8 *sq.*

Orwell). L'Amérique, elle, se sent à l'abri des menaces et elle est prête à étendre ses frontières au-delà même de la Terre. Elle s'investit dans l'action, l'entreprise, la technologie efficaces, pas dans le savoir théorique et contemplatif. Elle se vit comme une nation toujours en expansion, en construction et en devenir. Tout est possible et reste à faire dans l'espace et le futur qu'elle projette avec « a sense of infinite possibility and of infinite achievement. That achievement was usually measured in material terms. ».

Après la seconde guerre, la sf américaine fut massivement exportée en Europe : au cours des années 1950 et 1960 « the central myth to American sf became the central myth of all sf ». Au cours de ces mêmes décennies cependant, avec l'essor d'une Union Soviétique nucléarisée, une partie de l'anxiété européenne gagna les USA.

Mais comment mieux résumer pour conclure la situation historique de la sf qu'en rappelant que les textes de Verne et Wells ont alimenté les premiers numéros de *Amazing* ? En les prenant pour modèles, Gernsback lui-même reconnaissait la double ascendance européenne de la sf alors même qu'il allait contribuer décisivement à en faire une littérature typiquement américaine pour plusieurs décennies ?

CHAPITRE III

REGARD SUR L'ÉVOLUTION DE LA SF
AU XXe SIÈCLE

Présenter la sf sous forme de périodes successives est trompeur si on y lit une suite de styles et de contenus dont chaque étape aurait quasi totalement évincé la précédente. L'histoire de la sf ressemble davantage à une ample construction de plus en plus complexe et multiforme, comme une ville déjà ancienne avec des quartiers nouveaux et d'autres restaurés, qui tous communiquent entre eux et se recouvrent partiellement. Telle est l'articulation des « Golden Age », « New Wave » et « Cyberpunk », pour ne mentionner que les appellations les plus autorisées.

Le « GOLDEN AGE »

Non sans humour, Thomas Clareson[1] observe que le « Golden Age » est une appellation introduite dans les années 1960 par des fans se souvenant des

---

1. Th. D. Clareson, *Understanding American Science Fiction : The Formative Period (1926-1970)*, Columbia (S.C.), University of South Carolina Press, 1990.

enthousiasmes et émerveillements littéraires de leur jeunesse. Selon les historiens, la délimitation exacte du Golden Age est variable à l'intérieur d'un éventail qui va de la fin des années 1920 à la fin des années 1950. La Seconde Guerre Mondiale n'a donc pas immédiatement mis fin au Golden Age, d'autant moins si l'on considère qu'il s'exporta en France à partir des années 1950 avec les collections « Anticipation » du Fleuve Noir et « Le Rayon Fantastique », ainsi que le magazine *Fiction*.

Quels sont les caractères dominants de cette première période ? Elle est dominée par la publication en magazine (à commencer par les *pulps*). Elle correspond à la durée d'organisation du *fandom* : la communauté science-fictionnelle – auteurs, éditeurs, lecteurs – avec sa propre littérature « grise » (les *fanzines*), ses sociétés et associations, ses congrès (dont la World Science Fiction Convention ou « Worldcon »), ses prix, bref sa (sub) culture. Le Golden Age est une période de très forte croissance en nombre d'auteurs, de lecteurs, d'éditeurs et de magazines. Il est dominé par l'action des deux éditeurs historiques : Gernsback et Campbell. Il est rétrospectivement représenté par quelques auteurs typiques, tels Gernsback (avec *Ralph 124C 41+*) et Campbell (avec *The Mightiest Machine*[1]) eux-mêmes, Edward Elmer « Doc » Smith (*The Skylark of Space*[2]) ou encore des auteurs plus tardifs et plus complexes devenus classiques tels Asimov et Heinlein. Foncièrement

---

1. Traduction publiée en 1963 dans « Le Rayon Fantastique » (Gallimard-Hachette), sous le titre *La Machine suprême*.
2. Dans « Le Rayon Fantastique », sous le titre *La curée des astres*, dès 1954.

technophile, la « technique-fiction » du Golden Age est centrée autour d'une ou de plusieurs inventions majeures et de gadgets nouveaux de toutes espèces. Ces inventions et ce qu'elles permettent de réaliser suscitent l'étonnement et l'émerveillement. Elles sont accompagnées d'explications technoscientifiques ou pseudo-technoscientifiques. La technique-fiction est extravertie, matérialiste, pas ou peu intéressée par les contextes et conséquences psychologiques et sociales du progrès technoscientifique. Elle est apolitique ou d'inspiration technocratique. Ses héros sont des hommes d'action et de science qui résolvent des problèmes, surmontent des obstacles et accomplissent des hauts-faits grâce aux techniques nouvelles pour le plus grand bénéfice de l'humanité. Comme l'écrit Clareson (1971) : le héros typique est « the scientist – or more properly, the inventor-technician » ou encore « the scientist-inventor » : si le premier vise la vérité, le second transforme le monde[1]. Cette « technoscience-fiction » illustre un humanisme anthropocentrique mégalomane qui projette l'homme à la conquête des étoiles. Elle trouve ses expressions culminantes dans ce que l'on appellera le « space opera ». Elle n'invite pas à considérer les multiples avenirs négatifs et positifs possibles ; prophétique, elle anticipe un futur déterminé sous le signe du progrès qui conduira l'homme jusqu'à la surhumanité. Scientiste et techniciste, la sf du Golden Age se veut « hard science fiction » : une fiction sans erreurs ni trop grandes invraisemblances technoscientifiques. Un passe- temps prisé du courrier

1. Th. D. Clareson, *Science Fiction. The Other Side of Realism*, Bowling Green University Popular Press, 1971, p. 15-16.

des lecteurs était le repérage, dans les histoires, des contre-vérités, contradictions et impossibilités scientifico-techniques. Le souci de la forme littéraire passait au second plan.

Cette caractérisation de la première période appellerait de nombreuses nuances. Campbell, lui-même, est connu pour avoir introduit des exigences telles une écriture et une structuration du récit plus soigneuses, l'anticipation des conséquences psychologiques et sociales des innovations technologiques afin de rendre la sf plus réaliste et plus convaincante.

Dès la fin des années 1930 se constitue à New York, sous l'impulsion de Donald Wollheim, un groupe anti-Gernsback et anti-Campbell réunissant des fans, qui deviendront par la suite des auteurs et éditeurs de sf. Ce groupe plus « intellectuel » s'appelle « The Futurians ». On y rencontre Frederick Pohl, Cyril Kornbluth, Judith Merril ou Damon Knight[1]... Favorable au socialisme, il rompt avec l'apolitisme considéré comme conservateur et technocrate de la tendance sf dominante. Il anticipe des caractères de la New Wave vingt ans avant celle-ci.

LA « NEW WAVE »

La seconde guerre mondiale a contribué à la refonte des représentations de la science et de la technique modernes. D'abord, centrée sur l'énergie atomique qui

---

1. Voir D. Knight, *The Futurians : the Story of the Great Science Fiction « Family » of the 30s that Produced Today's Top SF Writers and Editors*, New York, Day, 1977.

concrétisait une notion dont la sf faisait usage depuis des décennies, la refonte fut ambivalente. Domestiqué, l'atome est une source de puissance sans précédent qui alimente des fantasmes de progrès et d'expansion à l'infini. Bombe et radio-activité, il suscite un imaginaire catastrophiste qu'aggrava la guerre froide. Un autre aspect de celle-ci fut la course à l'espace, de Sputnik en 1957 à Apollo 11 en 1969, qui a été une concrétisation exemplaire de l'imaginaire sfictionnel. Mais les rêves réalisés conduisent aussi à des désillusions lorsqu'ils renforcent la conviction que la concrétisation de rêves plus audacieux encore est toute proche : la colonisation du système solaire et l'exploration humaine de l'espace interstellaire ne furent pas au rendez-vous de la fin du XXᵉ siècle.

Les changements de la représentation des sciences et des techniques en tant qu'entreprises non pas individuelles et héroïques, mais collectives et conditionnées par l'économie et la politique furent plus lents à affecter l'imagination sfictionnelle. Le mouvement d'auteurs et d'éditeurs de sf baptisé « New Wave » s'inscrit dans le contexte de l'après-guerre déjà éloigné, les années 1960. Traduction de la « Nouvelle Vague » française avec laquelle elle n'a toutefois aucun rapport, l'expression[1] est utilisée par les critiques et historiens de la sf pour désigner une nébuleuse d'auteurs tant anglais qu'américains des décennies 1960 et 1970. Bien que sa

1. Elle aurait été introduite par l'Américaine Judith Merril (selon Th. D. Clareson, *Understanding American Science Fiction*, op. cit., p. 201) ou par l'Anglais Christopher Priest (selon A. Roberts, *The History of Science Fiction*, op. cit., p. 231).

« nouveauté » soit moins grande que proclamée, elle marquera durablement la sf dont elle souligne qu'elle doit être *littérature*, soucieuse de style et expressive de la complexité et de l'intériorité humaines, psychologique, sociale et politique.

Norman Spinrad (1990) en fait une émanation de la contre-culture des années 1960-70 et de ses contradictions symbolisées par une attitude anti-technoscientifique baignant dans un mysticisme bucolique exprimé à travers la guitare électrique et le synthétiseur. La New Wave encourage la libération sexuelle, le pluralisme culturel, la littérature expérimentale. Elle est anti-establishment et rejette les valeurs morales traditionnelles. Pacifiste, elle proteste contre la guerre au Vietnam. Selon Spinrad, la génération des années 1980 surmontera la contradiction interne à la New Wave autant que l'opposition entre celle-ci et la *hardsf* de l'époque antérieure[1].

L'origine de la New Wave est britannique. C'est sous l'impulsion de Michael Moorcock devenu éditeur du magazine *New Worlds* en 1963 qu'une révolution de la sf est délibérément engagée. Créé en 1946, *New Worlds* fut d'abord un magazine SF assez ordinaire, comme en témoignent les éditoriaux des premiers numéros. La couverture du premier numéro représente un homme sur fond de champignon atomique avec à sa droite une ville futuriste et à sa gauche une ville ancienne détruite. Le symbole est clair : l'homme est à un carrefour de destruction ou de création. Mais la conviction domine que le nouvel âge atomique offre aux hommes la conquête de l'espace. Le numéro 2 rappelle que les auteurs de sf

---

1. N. Spinrad, *Science Fiction in the Real World, op. cit.*, p. 113 *sq.*

avaient annoncé cet âge : la « futuristic fiction » n'est pas du « fantastic nonsense » et elle est en avance sur les scientifiques. On perçoit cependant le souci de se distinguer de la sf américaine trop « juvénile » des décennies précédentes. *New Worlds* a publié les premiers textes d'auteurs anglais tels Arthur C. Clarke (notamment en 1953 « The Sentinel », matrice de *2001*), E. C. Tubb, John Brunner, Brian Aldiss ou J.G. Ballard... Selon Moorcock, la véritable sf, expression littéraire de l'âge contemporain, n'est pas dans les *pulps* et leur héritage. On la trouve chez les nouveaux auteurs de la littérature dite traditionnelle, que l'usage anglo-saxon désigne comme « Mainstream », en plein renouvellement. C'est, par exemple, vers William Burroughs qu'il faut se tourner, non plus vers Edgar Rice Burroughs et ses Tarzans de l'Espace[1]. Suivant William Bainbridge (1986), l'auteure et éditrice américaine de sf Judith Merril importa le mouvement outre-Atlantique[2], ce qui conduisit à l'anthologie-manifeste de l'Américain Harlan Ellison – *Dangerous Visions*[3] – dont l'Introduction débute par cette phrase provocatrice : « Ce que vous avez entre les mains est plus qu'un livre. (...) c'est une révolution ». Ellison parle d'emblée de « speculative fiction », une expression utilisée dès les années 1940 par Robert Heinlein qui estimait qu'elle était plus

---

1. Voir l'éditorial « A New Literature for the Space Age », *New Worlds*, n°142, mai-juin 1964. Voir aussi les pages chaleureuses que Brian B. Aldiss, *Trillion Year Spree*, *op. cit.*, consacre à Moorcock.

2. W. S. Bainbridge, *Dimensions of Science Fiction*, Cambridge (MA)-Londres, Harvard University Press, 1986.

3. Nous citons la traduction publiée aux éditions J'ai Lu en deux tomes : *Dangereuses visions*, 1975.

appropriée que « science-fiction » mais sans englober fantastique[1].

Une ambition affichée des ténors de la New Wave est de sortir de la littérature « de genre » où la sf s'est enlisée durant le Golden Age. A cette fin, il faut gommer les frontières la séparant artificiellement du Mainstream et importer en sf les techniques littéraires contemporaines telles la non linéarité du récit, la phénoménologie du courant de conscience, l'alternance rapide de scènes, le micro- réalisme, etc. L'attention à la forme et au style devient une priorité. Mais échapper à la séparation des genres, c'est aussi gommer la frontière entre sf et fantastique (*science-fantasy, fantasy*) et défaire le geste gernsbackien et campbellien instituant le genre sf contre le genre fantastique, jugé irrationnel. Dans les magazines antérieurs au Golden Age, fantastique et sf se côtoyaient. Cette proximité n'a jamais été totalement abandonnée : en 1950, *The Magazine of Fantasy* (créé en 1949) devient *The Magazine of Fantasy and Science Fiction* qui existe toujours.

---

1. Les noms nouveaux et plus typiquement associés à la New Wave voisinent avec des noms déjà bien établis souvent associés à la sf antérieure : Brian Aldiss, Ph. K. Dick, John Brunner, James Graham Ballard, Norman Spinrad, Samuel R. Delany, Roger Zelazny, Philip José Farmer, John T. Sladek … mais aussi Lester Del Rey, Frederik Pohl, Fritz Leiber, Larry Niven … Plusieurs de ces noms apparaissent aussi dans *New Worlds*. Citons encore Thomas Disch, Frank Herbert. Un auteur peut aussi se rattacher au New Wave du fait d'un roman différent de sa production ordinaire ; c'est le cas de Robert Heinlein qui anticipe le mouvement avec *Stranger in a Strange Land* (1961). L'esprit New Wave a été anticipé, à maints égards, bien avant qu'il ne soit désigné comme tel.

La nouveauté de la New Wave est donc relative : Ray Bradbury débute les *Chroniques martiennes* en 1946[1] ! Mais elle met en évidence des enjeux philosophiques et idéologiques de l'expression « science-fiction ». La New Wave est dirigée contre la tyrannie de la référence technoscientifique de la sf et plus spécifiquement de la *hardsf*. « Hard » renvoie aux techniques matérielles et aux sciences « dures » distinctes des sciences humaines, sociales et *humanities*. Avec la New Wave, les questions des « deux cultures » et de la « guerre des sciences » s'invitent dans le débat. Nébuleuse alternative à la hardsf, la New Wave va de l'indifférence ou du scepticisme technoscientifiques à l'anti-technoscience ou à la technoscientophobie déclarée. Les sciences humaines sont accueillies, en particulier, les perspectives ouvertes par la psychanalyse en même temps que l'expérience de drogues hallucinogènes.

Introvertie, cette *soft-sf* s'intéresse aux « espaces intérieurs » et ne voit dans les histoires relatives aux espaces extraterrestres que des métaphores de l'intériorité et des relations interhumaines. Elle ouvre la voie à la relecture de la sf antérieure à la lumière d'interprétations psychanalytiques et de la critique idéologique. Nombreux sont les auteurs de la New Wave qui développent une conscience politique ou, du moins, une conscience des problèmes sociaux suscités par les progrès technoscientifiques. Pacifisme, revendications en faveur de l'égalité entre les sexes et les races, critique du capitalisme, alerte

---

1. Avec *Le pique-nique d'un million d'années* (Ray Bradbury, *Chroniques martiennes*, « The million year picnic », dans *Planet Stories*).

à la croissance démographique et à l'épuisement des ressources sont dans l'air du temps. Mais cette conscience socio-politique, économique et écologique, n'est pas généralisée ni organisée. La sensibilité socialiste ou marxiste voisine avec l'anarchisme, le nihilisme, le libertarisme…

Le contraste entre *soft* et *hard sf* est à considérer avec prudence. James Gunn[1] remarque qu'en effet la New Wave a été « anti-science, even anti-science fiction ». Mais aussitôt il nuance. Hal Clement, avec *Mission of gravity* (1954)[2], « one of the hardest of hardsf novels » et U. Le Guin, avec *The Left Hand of Darkness* (1969)[3] (typique de la softsf) explorent l'un et l'autre des conséquences d'une situation hypothétique : gravitationnelle (planète présentant des centaines de g : le poids d'un objet varie énormément selon l'endroit) et sexuelle (les individus changent spontanément de sexe). Mais Clement explore aussi les croyances, les habitudes, les craintes et les attentes psychologiques enracinées dans cette expérience d'une gravitation variable selon le lieu.

La New Wave en tant que telle s'est essoufflée dès le début des années 1970 mais elle a contribué à élargir les horizons de la sf, à l'enrichir, à la complexifier. Elle

---

1. J. Gunn, « The Readers of Hard Science Fiction », *in* G. E. Slusser, E.S. Rabkin (eds.), *Storm Warnings. Hard Science Fiction*, Southern Illinois University Press, 1986, p. 75 *sq.*

2. H. Clement, *Question de poids*, trad. fr. par P. Versins et M. Renaud chez Laffont, 1971 ; sous le titre *Mission gravité*, Paris, Presses Pocket, 1982.

3. U. Le Guin, *La main gauche de la nuit*, trad. fr. par J. Bailhache chez Laffont, 1971; Paris, Livre de poche, 2010.

l'a rendue plurielle, plus tolérante, plus ouverte. La New Wave n'a pas éliminé la « hard science fiction », une expression elle-même forgée fin des années 1950[1]. Au contraire, elle a contribué à la prise de conscience de celle-ci : prise de conscience de son identité, prise de conscience de ses manquements, de ses limites, de la nécessité où elle se trouve, elle aussi, d'évoluer parce que les sociétés autant que les sciences et les techniques, les philosophies des sciences et des techniques, évoluent. Une hardsf plus profonde, plus riche, plus lucide, plus attentive à toutes les complexités des futurs de la civilisation technoscientifique, caricaturalement simplifiée par le Golden Age, s'est ainsi développée. En contrebalançant le poids excessif des technosciences, la New Wave a contribué à l'avènement d'une sf plus adulte et plus réaliste que la sf antérieure *et* que la littérature traditionnelle « Mainstream » ignorant l'expérience humaine vraiment contemporaine.

LE « CYBERPUNK »

Les auteurs des années 1980 héritent d'une tradition déjà longue, riche et diverse. Ils héritent aussi d'un monde de plus en plus complètement façonné par les sciences et par les techniques. Un monde où nombre de prédictions, d'extrapolations et de rêves nés des technosciences sont devenus réalité quotidienne et où un nouvel ensemble de technologies en plein

---

1. Par le critique américain P. Schuyler Miller, selon David G. Hartwell, « Hard Science Fiction », *New York Review of Science Fiction*, n°62, octobre 1993.

développement sera bientôt désigné par un acronyme soulignant leur convergence : les TIC (Technologies de l'Information et de la Communication). Il englobe la cybernétique (« computer science and technology »), l'informatique, l'intelligence artificielle, les sciences cognitives y compris les recherches sur les interfaces techniques entre le cerveau et l'ordinateur. La décennie 1980 est celle où la civilisation technoscientifique commence à basculer de l'analogique au numérique.

Les fondateurs du mouvement « Cyberpunk » sont William Gibson et Bruce Sterling. Gibson publie en 1981 une nouvelle qui fait date : « Johnny Mnemonic » et, en 1984, le roman le plus fortement associé au Cyberpunk : *Neuromancer*. Bruce Sterling publie en 1986 une anthologie-manifeste : *Mirrorshades : the Cyberpunk Anthology*[1]. Mais son roman le plus célèbre illustre déjà la philosophie posthumaniste du Cyberpunk en 1985 : *Schismatrix*.

Comme dans le cas de la New Wave, il n'est pas difficile de trouver des œuvres antérieures à la désignation du Cyberpunk comme tel[2] qui en illustrent déjà la thématique : *The Artificial Kid* de Stirling en 1980 ou *True Names* de Vernor Vinge en 1981, mais aussi l'extraordinaire *The Shockwave Rider*[3] publié en 1975

1. B. Sterling, *Mozart en verres miroirs*, Paris, SF-Gallimard, 2001.

2. Forgé début des années 1980 par Bruce Bethke qui l'utilise comme titre du récit *Cyberpunk* (*Amazing Stories*, 1983), le néologisme est popularisé par Gardner R. Dozois, rédacteur en chef de *Asimov SF Magazine*, dans un article du *Washington Post* sur « SF in the Eighties » en 1984.

3. J. Brunner, *Sur l'onde de choc*, trad. fr. par G. Abadia chez Laffont, 1977.

par John Brunner, un auteur ordinairement rattaché à la New Wave.

La question de la discontinuité entre New Wave et Cyberpunk demeure controversée. Spinrad (1990) observe que le Cyberpunk n'est pas anti-technoscience, qu'il réussit à dépasser la contradiction interne à la New Wave par son « romantisme high-tech » en exploitant les « possibilités esthétiques de la technosphère ». Robert Latham[1] refuse la simplification caricaturale qui oppose New Wave et Cyberpunk en avançant que le Cyberpunk serait posthumaniste, *hardtech*, dystopique, technophile voire technocratique et global, alors que la New Wave serait humaniste, technophobe, solipsiste et formaliste (style expérimental, autoréférentiel…). La New Wave exprime la crise de la sf des années 1950 qui perpétue le Golden Age et bloque la sf dans une répétition sans originalité, pleine de préjugés passéistes, refusant toute expérience sociale (sexe, genre, race…) en même temps que les technologies « douces » (pharmaceutiques, communications « postindustrielles »). Les opposants à la New Wave ont ressenti celle-ci comme une dangereuse désublimation pulsionnelle détournant la sf de son « core commitment to the technoscientific world-view ». Le Cyberpunk renoue avec la *high tech* dure et douce en même temps qu'il intègre le souci littéraire ainsi que l'attention de la New Wave aux évolutions sociales, économiques et politiques.

Tout en relativisant les discontinuités suggérées par la succession des Golden Age, New Wave et Cyberpunk, on peut repérer des accents dominants qui permettent

---

1. R. Latham, « Cyberpunk and the New Wave : Ruptures and Continuities », *New York Review of Science Fiction*, n° 226, juin 2007.

de placer quelques repères dans l'histoire complexe de la sf au xxᵉ siècle. Le Cyberpunk est bien de la *hardsf* s'inspirant d'un nouveau groupe de techno-sciences désormais à l'avant-plan : les TIC et les neurotechnosciences.

Le moteur du monde est l'enchevêtrement dynamique des technosciences et des forces économico-politiques. L'Innovation immédiate prime la R&D à long terme. La tendance dominante est technophile, mais les techniques de plus en plus sophistiquées servent princi-palement la lutte (guerres et conflits cybernétiques à portée financière, économique, politique) et le plaisir.

Le monde est devenu entièrement artefactuel et quasi exclusivement urbain : mégalopoles, conurbation… C'est un technocosme. Il est l'arène darwinienne des puissances et des pouvoirs : États, banques et firmes transnationales, lobbies, maffias et toutes sortes de groupes et d'individus marginaux et souterrains…

Ce technocosme où évoluent les protagonistes humains et non humains est radicalement *matériel*. Mais cette matérialité intégrale du technocosme se nuance suivant un éventail qui va du plus subtil – la réalité virtuelle du cyberespace – au plus grossier : les milliards de tonnes de déchets et d'ordures que le technocosme produit continuellement.

Pour la lutte comme pour le plaisir, les entités et l'espace numériques et électroniques d'apparence immatériels sont au moins aussi importants que les réalités physico-chimiques lourdes et plus familières du technocosme. Tant qu'ils sont encore des corps, les humains sont au nombre de ces dernières.

La technique du Cyberpunk est non seulement englobante au point où le technocosme paraît sans extériorité, elle est aussi immédiate. Nous sommes dans des futurs proches, un présent à peine futurisé. La technique est encore immédiate en ce sens qu'elle s'applique ou se branche sans médiation sur les corps et les cerveaux humains, soit pour les manipuler, soit pour les amplifier, soit pour les interconnecter. L'anthropotechnique est omniprésente. La saisie technique des corps et des cerveaux permet aux individus de participer aux espaces virtuels, d'expérimenter une sorte de dématérialisation, illusion d'émancipation et de transcendance.

L'atmosphère caractéristique du Cyberpunk est généralement sombre, étouffante, quel que soit le niveau de matérialité où l'on se situe. Ni la nature ni l'homme traditionnel n'y ont encore leur place. C'est un monde sans morale ni idéal. Les histoires racontent des luttes de pouvoir au nom desquelles tous les moyens – toutes les techniques – sont bons. C'est pourquoi de nombreux récits Cyberpunk ont une allure de romans noirs : policier ou espionnage. Le Cyberpunk n'a pour l'être humain aucune sollicitude, aucun respect. Il projette dans le posthumain suivant deux trajectoires : celle du cyborg ou de l'anthropotechnique ; celle des artefacts non humains intelligents qui peuplent tant le technocosme physique (toutes espèces de « robots ») que le cyberespace (les IA ou Intelligences Artificielles). La technophilie du Cyberpunk est de l'ordre de la fascination : une fascination profondément ambivalente et souvent nihiliste.

Autour de l'an 2000

La hardsf s'est maintenue, enrichie et complexifiée, attentive aux nouvelles technosciences, nouveaux espoirs, préoccupations et angoisses collectives. Ces enrichissements ont permis des réactualisations passionnantes de sujets aussi anciens que la sf elle-même, telles la conquête de Mars (par exemple, la trilogie martienne de Kim S. Robinson), l'exploration des planètes du système solaire (tel Ben Bova) ou au-delà (tel Gregory Benford et le Cycle du centre galactique).

En même temps, le mélange et l'osmose entre les genres n'ont cessé de s'intensifier. Cette confusion postmoderne délibérée s'exprime à travers les collections, les revues et au sein des fictions elles- mêmes, romans et nouvelles. La délimitation et la définition, descriptives autant que normatives, de la sf demeurent des sujets controversés. La part occupée par la sf et, plus particulièrement, par la hardsf au sein de l'ensemble formé par les littératures fantastique *et* sfictionnelle réunies est modeste (voir *Locus. The Magazine of the Science Fiction & Fantasy Field*). La sf est surpassée par les productions *fantasy*, hybrides (*science-fantasy*), surnaturelles, paranormales, étranges (*weird, new weird*, tel China Miéville), etc. Issue de la Modernité, la sf résiste inégalement aux tendances postmodernes relativisant ou abandonnant la rationalité technoscientifique au lieu de se limiter à la contextualiser. En même temps, la fluidité postmoderne a permis aux thématiques sfictionnelles de s'immiscer dans la littérature traditionnelle (tel Michel Houellebecq).

Poursuivant sur la lancée des années 1980, l'anthropotechnique, c'est-à-dire l'opération technique de l'homme – allant du génie génétique (clonage, eugénisme) à la transformation du corps (prothèses, cyborg) et à la manipulation du cerveau par les neuro-technosciences – est devenue une source d'inspiration majeure. Elle a bénéficié d'une première puis d'une seconde convergence des sciences et des techniques. La première, celle des TIC, a inspiré le Cyberpunk. La seconde s'est imposée à partir de l'an 2000 et elle intègre la précédente : c'est la Convergence NBIC : nanosciences et nanotechnologies, biotechnologies, informatique, sciences cognitives. Cette Convergence est transversale : à l'échelle du nanomètre – celle des particules élémentaires – les différences entre matières inerte, vivante, pensante, naturelle, artificielle s'estompent. Tout devient matériel, manipulable, interconnectable expérimentalement. Cette approche est renforcée par la numérisation universelle qui entreprend de tout représenter sous forme binaire. Mises ensemble ces évolutions suggèrent que tout est techniquement possible. Elles constituent la pointe la plus avancée du matérialisme technoscientifique opératoire. Parmi les saisies technoscientifiques de l'homme, la numérisation intégrale de l'individu – scanner digital du génome au cerveau y compris la mémoire et la personnalité – occupe une place notable associée à des rêves d'immortalité ou de résurrection virtuelles (tel Greg Egan).

La philosophie sous-jacente à la sf du tournant du millénaire est le trans/posthumanisme qui projette la transformation radicale et/ou la disparition de l'espèce humaine dans un avenir plus ou moins éloigné. L'inspiration trans/posthumaniste renoue avec l'espérance utopique sur Terre et dans les étoiles (Greg Egan, Robert Sawyer, Iain Banks qui renouvelle en même temps le *Space Opera*) en même temps qu'avec le pessimisme dystopique et l'angoisse apocalyptique. Un thème privilégié est la Singularité : l'émergence soudaine d'une Super-Intelligence Artificielle consciente et autonome marginalisant ou éliminant l'espèce humaine (Vernor Vinge). Les fictions apocalyptiques et post-apocalyptiques plus terre-à-terre anticipant des désastres écologiques se sont multipliées tout en inspirant leur antidote « écotopiste » anticipant l'épanouissement de technologies nouvelles salvatrices.

TABLE DES MATIÈRES

Achevé d'imprimer en août 2022 par La Manufacture - Imprimeur – 52200 Langres
N° 220743 – Imprimé en France – Dépôt légal : septembre 2022